# Тарас Бульба

**Николай Гоголь**

**Тарас Бульба**

Copyright © 2022 Indo-European Publishing

ISBN: 978-1-64439-823-4

# СОДЕРЖАНИЕ

# ТАРАС БУЛЬБА

## I

— А поворотись-ка, сын! Экой ты смешной какой! Что это на вас за поповские подрясники? И эдак все ходят в академии? — Такими словами встретил старый Бульба двух сыновей своих, учившихся в киевской бурсе и приехавших домой к отцу.

Сыновья его только что слезли с коней. Это были два дюжие молодца, еще смотревшие исподлобья, как недавно выпущенные семинаристы. Крепкие, здоровые лица их были покрыты первым пухом волос, которого еще не касалась бритва. Они были очень смущены таким приемом отца и стояли неподвижно, потупив глаза в землю.

— Стойте, стойте! Дайте мне разглядеть вас хорошенько, — продолжал он, поворачивая их, — какие же длинные на вас свитки![1] Экие свитки! Таких свиток еще и на свете не было. А побеги который-нибудь из вас! я посмотрю, не шлепнется ли он на землю, запутавшись в полы.

— Не смейся, не смейся, батьку! — сказал наконец старший из них.

— Смотри ты, какой пышный![2] А отчего ж бы не смеяться?

— Да так, хоть ты мне и батько, а как будешь смеяться, то, ей-богу, поколочу!

— Ах ты, сякой-такой сын! Как, батька?.. — сказал Тарас Бульба, отступивши с удивлением несколько шагов назад.

— Да хоть и батька. За обиду не посмотрю и не уважу никого.

— Как же хочешь ты со мною биться? разве на кулаки?

— Да уж на чем бы то ни было.

— Ну, давай на кулаки! — говорил Тарас Бульба, засучив рукава, — посмотрю я, что за человек ты в кулаке!

---

[1] Свиткой называется верхняя одежда у малороссиян. — Прим. Н. В. Гоголя

[2] здесь: гордый, недотрога.

И отец с сыном, вместо приветствия после давней отлучки, начали насаживать друг другу тумаки и в бока, и в поясницу, и в грудь, то отступая и оглядываясь, то вновь наступая.

— Смотрите, добрые люди: одурел старый! совсем спятил с ума! — говорила бледная, худощавая и добрая мать их, стоявшая у порога и не успевшая еще обнять ненаглядных детей своих. — Дети приехали домой, больше году их не видали, а он задумал невесть что: на кулаки биться!

— Да он славно бьется! — говорил Бульба, остановившись. — Ей-богу, хорошо! — продолжал он, немного оправляясь, — так, хоть бы даже и не пробовать. Добрый будет козак! Ну, здорово, сынку! почеломкаемся! — И отец с сыном стали целоваться. — Добре, сынку! Вот так колоти всякого, как меня тузил; никому не спускай! А все-таки на тебе смешное убранство: что это за веревка висит? А ты, бейбас, что стоишь и руки опустил? — говорил он, обращаясь к младшему, — что ж ты, собачий сын, не колотишь меня?

— Вот еще что выдумал! — говорила мать, обнимавшая между тем младшего. — И придет же в голову этакое, чтобы дитя родное било отца. Да будто и до того теперь: дитя молодое, проехало столько пути, утомилось (это дитя было двадцати с лишком лет и ровно в сажень ростом), ему бы теперь нужно опочить и поесть чего-нибудь, а он заставляет его биться!

— Э, да ты мазунчик, как я вижу! — говорил Бульба. -Не слушай, сынку, матери: она-баба, она ничего не знает. Какая вам нежба? Ваша нежба — чистое поле да добрый конь: вот ваша нежба! А видите вот эту саблю? вот ваша матерь! Это все дрянь, чем набивают головы ваши; и академия, и все те книжки, буквари, и философия — все это ка зна що, я плевать на все это! — Здесь Бульба пригнал в строку такое слово, которое даже не употребляется в печати. — А вот, лучше, я вас на той же неделе отправлю на Запорожье. Вот где наука так наука! Там вам школа; там только наберетесь разуму.

— И всего только одну неделю быть им дома? — говорила жалостно, со слезами на глазах, худощавая старуха мать. — И

2

погулять им, бедным, не удастся; не удастся и дому родного узнать, и мне не удастся наглядеться на них!

— Полно, полно выть, старуха! Козак не на то, чтобы возиться с бабами. Ты бы спрятала их обоих себе под юбку, да и сидела бы на них, как на куриных яйцах. Ступай, ступай, да ставь нам скорее на стол все, что есть. Не нужно пампушек, медовиков, маковников и других пундиков;[3] тащи нам всего барана, козу давай, меды сорокалетние! Да горелки побольше, не с выдумками горелки, не с изюмом и всякими вытребеньками,[4] а чистой, пенной горелки, чтобы играла и шипела как бешеная.

Бульба повел сыновей своих в светлицу, откуда проворно выбежали две красивые девки-прислужницы в червонных монистах, прибиравшие комнаты. Они, как видно, испугались приезда паничей, не любивших спускать никому, или же просто хотели соблюсти свой женский обычай: вскрикнуть и броситься опрометью, увидевши мужчину, и потому долго закрываться от сильного стыда рукавом. Светлица была убрана во вкусе того времени, о котором живые намеки остались только в песнях да в народных думах, уже не поющихся более на Украйне бородатыми старцами-слепцами в сопровождении тихого треньканья бандуры, в виду обступившего народа; во вкусе того бранного, трудного времени, когда начались разыгрываться схватки и битвы на Украйне за унию. Все было чисто, вымазано цветной глиною. На стенах — сабли, нагайки, сетки для птиц, невода и ружья, хитро обделанный рог для пороху, золотая уздечка на коня и путы с серебряными бляхами. Окна в светлице были маленькие, с круглыми тусклыми стеклами, какие встречаются ныне только в старинных церквах, сквозь которые иначе нельзя было глядеть, как приподняв надвижное стекло. Вокруг окон и дверей были красные отводы. На полках по углам стояли кувшины, бутыли и фляжки зеленого и синего стекла, резные серебряные кубки, позолоченные чарки всякой работы: венецейской, турецкой,

---

[3] сладости
[4] причуды.

черкесской, зашедшие в светлицу Бульбы всякими путями, через третьи и четвертые руки, что было весьма обыкновенно в те удалые времена. Берестовые скамьи вокруг всей комнаты; огромный стол под образами в парадном углу; широкая печь с запечьями, уступами и выступами, покрытая цветными пестрыми изразцами, — все это было очень знакомо нашим двум молодцам, приходившим каждый год домой на каникулярное время; приходившим потому, что у них не было еще коней, и потому, что не в обычае было позволять школярам ездить верхом. У них были только длинные чубы, за которые мог выдрать их всякий козак, носивший оружие. Бульба только при выпуске их послал им из табуна своего пару молодых жеребцов.

Бульба по случаю приезда сыновей велел созвать всех сотников и весь полковой чин, кто только был налицо; и когда пришли двое из них и есаул Дмитро Товкач, старый его товарищ, он им тот же час представил сыновей, говоря: "Вот смотрите, какие молодцы! На Сечь их скоро пошлю". Гости поздравили и Бульбу, и обоих юношей и сказали им, что доброе дело делают и что нет лучшей науки для молодого человека, как Запорожская Сечь.

— Ну ж, паны-браты, садись всякий, где кому лучше, за стол. Ну, сынки! прежде всего выпьем горелки! — так говорил Бульба. — Боже, благослови! Будьте здоровы, сынки: и ты, Остап, и ты, Андрий! Дай же боже, чтоб вы на войне всегда были удачливы! Чтобы бусурменов били, и турков бы били, и татарву били бы; когда и ляхи начнут что против веры нашей чинить, то и ляхов бы били! Ну, подставляй свою чарку; что, хороша горелка? А как по-латыни горелка? То-то, сынку, дурни были латынцы: они и не знали, есть ли на свете горелка. Как, бишь, того звали, что латинские вирши писал? Я грамоте разумею не сильно, а потому и не знаю: Гораций, что ли?

"Вишь, какой батько! — подумал про себя старший сын, Остап, — все старый, собака, знает, а еще и прикидывается".

— Я думаю, архимандрит не давал вам и понюхать горелки, — продолжал Тарас. — А признайтесь, сынки, крепко стегали вас березовыми и свежим вишняком по спине и по всему, что ни есть у козака? А может, так как вы сделались уже слишком разумные, так, может, и плетюганами пороли? Чай, не только по субботам, а доставалось и в середу и в четверги?

— Нечего, батько, вспоминать, что было, — отвечал хладнокровно Остап, — что было, то прошло!

— Пусть теперь попробует!- сказал Андрий. — Пускай только теперь кто-нибудь зацепит. Вот пусть только подвернется теперь какая-нибудь татарва, будет знать она, что за вещь козацкая сабля!

— Добре, сынку! ей-богу, добре! Да когда на то пошло, то и я с вами еду! ей-богу, еду! Какого дьявола мне здесь ждать? Чтоб я стал гречкосеем, домоводом, глядеть за овцами да за свиньями да бабиться с женой? Да пропади она: я козак, не хочу! Так что же, что нет войны? Я так поеду с вами на Запорожье, погулять. Ей-богу, поеду! — И старый Бульба мало-помалу горячился, горячился, наконец рассердился совсем, встал из-за стола и, приосанившись, топнул ногою. — Затра же едем! Зачем откладывать! Какого врага мы можем здесь высидеть? На что нам эта хата? К чему нам все это? На что эти горшки? — Сказавши это, он начал колотить и швырять горшки и фляжки.

Бедная старушка, привыкшая уже к таким поступкам своего мужа, печально глядела, сидя на лавке. Она не смела ничего говорить; но услыша о таком страшном для нее решении, она не могла удержаться от слез; взглянула на детей своих, с которыми угрожала ей такая скорая разлука, — и никто бы не мог описать всей безмолвной силы ее горести, которая, казалось, трепетала в глазах ее и в судорожно сжатых губах.

Бульба был упрям страшно. Это был один из тех характеров, которые могли возникнуть только в тяжелый XV век на полукочующем углу Европы, когда вся южная первобытная Россия, оставленная своими князьями, была опустошена, выжжена дотла неукротимыми набегами монгольских хищников; когда, лишившись дома и кровли, стал здесь отважен человек; когда на пожарищах, в виду грозных соседей и вечной опасности, селился он и привыкал глядеть им прямо в очи, разучившись знать, существует ли какая боязнь на свете; когда бранным пламенем объялся древле мирный славянский дух и завелось козачество — широкая, разгульная замашка русской природы, — и когда все поречья, перевозы, прибрежные пологие и удобные места усеялись козаками, которым и счету никто не ведал, и смелые товарищи их были вправе отвечать султану, пожелавшему знать о числе их: "Кто их знает! у нас их раскидано по всему степу: что байрак, то козак" (что маленький пригорок, там уж и козак). Это было, точно, необыкновенное явленье русской силы: его вышибло из народной груди огниво бед. Вместо прежних уделов, мелких городков, наполненных псарями и ловчими, вместо враждующих и торгующих городами мелких князей возникли грозные селения, курени и околицы, связанные общей опасностью и ненавистью против нехристианских хищников. Уже известно всем из истории, как их вечная борьба и беспокойная жизнь спасли Европу от неукротимых набегов, грозивших ее опрокинуть. Короли польские, очутившиеся, наместо удельных князей, властителями сих пространных земель, хотя отдаленными и слабыми, поняли значенье козаков и выгоды таковой бранной сторожевой жизни. Они поощряли их и льстили сему расположению. Под их отдаленною властью гетьманы, избранные из среды самих же козаков, преобразовали околицы и курени в полки и правильные округи. Это не было строевое собранное войско, его бы никто не увидал; но в случае войны и общего движенья в восемь дней, не больше, всякий являлся на коне, во всем своем вооружении, получа один только червонец платы от короля, — и в две недели набиралось такое войско, какого бы не в силах были набрать никакие рекрутские наборы. Кончился поход — воин уходил в луга и пашни, на днепровские перевозы, ловил рыбу, торговал, варил пиво и был вольный козак. Современные иноземцы дивились тогда справедливо необыкновенным способностям его. Не было ремесла, которого бы не знал козак: накурить вина, снарядить телегу, намолоть пороху, справить кузнецкую, слесарную работу и, в прибавку к тому, гулять напропалую, пить и бражничать, как только может один

6

русский, — все это было ему по плечу. Кроме рейстровых козаков[5], считавших обязанностью являться во время войны, можно было во всякое время, в случае большой потребности, набрать целые толпы охочекомонных:[6] стоило только есаулам пройти по рынкам и площадям всех сел и местечек и прокричать во весь голос, ставши на телегу: "Эй вы, пивники, броварники![7] полно вам пиво варить, да валяться по запечьям, да кормить своим жирным телом мух! Ступайте славы рыцарской и чести добиваться! Вы, плугари, гречкосеи, овцепасы, баболюбы! полно вам за плугом ходить, да пачкать в земле свои желтые чеботы, да подбираться к жинкам и губить силу рыцарскую! Пора доставать козацкой славы!" И слова эти были как искры, падавшие на сухое дерево. Пахарь ломал свой плуг, бровари и пивовары кидали свои кади и разбивали бочки, ремесленник и торгаш посылал к черту и ремесло и лавку, бил горшки в доме. И все, что ни было, садилось на коня. Словом, русский характер получил здесь могучий, широкий размах, дюжую наружность.

Тарас был один из числа коренных, старых полковников: весь был он создан для бранной тревоги и отличался грубой прямотой своего нрава. Тогда влияние Польши начинало уже оказываться на русском дворянстве. Многие перенимали уже польские обычаи, заводили роскошь, великолепные прислуги, соколов, ловчих, обеды, дворы. Тарасу было это не по сердцу. Он любил простую жизнь козаков и перессорился с теми из своих товарищей, которые были наклонны к варшавской стороне, называя их холопьями польских панов. Вечно неугомонный, он считал себя законным защитником православия. Самоуправно входил в села, где только жаловались на притеснения арендаторов и на прибавку новых пошлин с дыма. Сам с своими козаками производил над ними расправу и положил себе правилом, что в трех случаях всегда

---

[5] казаки, занесенный поляками в списки (реестры) регулярных войск.
[6] конные добровольцы.
[7] пивовары.

следует взяться за саблю, именно: когда комиссары[8] не уважили в чем старшин и стояли пред ними в шапках, когда поглумились над православием и не почтили предковского закона и, наконец, когда враги были бусурманы и турки, против которых он считал во всяком случае позволительным поднять оружие во славу христианства.

Теперь он тешил себя заранее мыслью, как он явится с двумя сыновьями своими на Сечь и скажет: "Вот посмотрите, каких я молодцов привел к вам!"; как представит их всем старым, закаленным в битвах товарищам; как поглядит на первые подвиги их в ратной науке и бражничестве, которое почитал тоже одним из главных достоинств рыцаря. Он сначала хотел было отправить их одних. Но при виде их свежести, рослости, могучей телесной красоты вспыхнул воинский дух его, и он на другой же день решился ехать с ними сам, хотя необходимостью этого была одна упрямая воля. Он уже хлопотал и отдавал приказы, выбирал коней и сбрую для молодых сыновей, наведывался и в конюшни и в амбары, отобрал слуг, которые должны были завтра с ними ехать. Есаулу Товкачу передал свою власть вместе с крепким наказом явиться сей же час со всем полком, если только он подаст из Сечи какую-нибудь весть. Хотя он был и навеселе и в голове его еще бродил хмель, однако ж не забыл ничего. Даже отдал приказ напоить коней и всыпать им в ясли крупной и лучшей пшеницы и пришел усталый от своих забот.

— Ну, дети, теперь надобно спать, а завтра будем делать то, что бог даст. Да не стели нам постель! Нам не нужна постель. Мы будем спать на дворе.

Ночь еще только что обняла небо, но Бульба всегда ложился рано. Он развалился на ковре, накрылся бараньим тулупом, потому что ночной воздух был довольно свеж и потому что Бульба любил укрыться потеплее, когда был дома. Он вскоре захрапел, и за ним последовал весь двор; все, что ни лежало в разных его углах, захрапело и запело; прежде всего

---

[8] польские сборщики податей.

заснул сторож, потому что более всех напился для приезда паничей.

Одна бедная мать не спала. Она приникла к изголовью дорогих сыновей своих, лежавших рядом; она расчесывала гребнем их молодые, небрежно всклоченные кудри и смачивала их слезами; она глядела на них вся, глядела всеми чувствами, вся превратилась в одно зрение и не могла наглядеться. Она вскормила их собственною грудью, она возрастила, взлелеяла их — и только на один миг видит их перед собою. "Сыны мои, сыны мои милые! что будет с вами? что ждет вас?" — говорила она, и слезы остановились в морщинах, изменивших ее когда-то прекрасное лицо. В самом деле, она была жалка, как всякая женщина того удалого века. Она миг только жила любовью, только в первую горячку страсти, в первую горячку юности, — и уже суровый прельститель ее покидал ее для сабли, для товарищей, для бражничества. Она видела мужа в год два-три дня, и потом несколько лет о нем не бывало слуху. Да и когда виделась с ним, когда они жили вместе, что за жизнь ее была? Она терпела оскорбления, даже побои; она видела из милости только оказываемые ласки, она была какое-то странное существо в этом сборище безженных рыцарей, на которых разгульное Запорожье набрасывало суровый колорит свой. Молодость без наслаждения мелькнула перед нею, и ее прекрасные свежие щеки и перси без лобзаний отцвели и покрылись преждевременными морщинами. Вся любовь, все чувства, все, что есть нежного и страстного в женщине, все обратилось у ней в одно материнское чувство. Она с жаром, с страстью, с слезами, как степная чайка, вилась над детьми своими. Ее сыновей, ее милых сыновей берут от нее, берут для того, чтобы не увидеть их никогда! Кто знает, может быть, при первой битве татарин срубит им головы и она не будет знать, где лежат брошенные тела их, которые расклюет хищная подорожная птица; а за каждую каплю крови их она отдала бы себя всю. Рыдая, глядела она им в очи, когда всемогущий сон начинал уже смыкать их, и думала: "Авось либо Бульба, проснувшись, отсрочит денька на два отъезд; может быть, он задумал оттого так скоро ехать, что много выпил".

Месяц с вышины неба давно уже озарял весь двор, наполненный спящими, густую кучу верб и высокий бурьян, в котором потонул частокол, окружавший двор. Она все сидела в головах милых сыновей своих, ни на минуту не сводила с них глаз и не думала о сне. Уже кони, чуя рассвет, все полегли на траву и перестали есть; верхние листья верб начали лепетать, и мало-помалу лепечущая струя спустилась по ним до самого низу. Она просидела до самого света, вовсе не была утомлена и внутренне желала, чтобы ночь протянулась как можно дольше. Со степи понеслось звонкое ржание жеребенка; красные полосы ясно сверкнули на небе.

Бульба вдруг проснулся и вскочил. Он очень хорошо помнил все, что приказывал вчера.

— Ну, хлопцы, полно спать! Пора, пора! Напойте коней! А где стара'? (Так он обыкновенно называл жену свою.) Живее, стара, готовь нам есть: путь лежит великий!

Бедная старушка, лишенная последней надежды, уныло поплелась в хату. Между тем как она со слезами готовила все, что нужно к завтраку, Бульба раздавал свои приказания, возился на конюшне и сам выбирал для детей своих лучшие убранства. Бурсаки вдруг преобразились: на них явились, вместо прежних запачканных сапогов, сафьянные красные, с серебряными подковами; шаровары шириною в Черное море, с тысячью складок и со сборами, перетянулись золотым очкуром;[9] к очкуру прицеплены были длинные ремешки, с кистями и прочими побрякушками, для трубки. Казакин алого цвета, сукна яркого, как огонь, опоясался узорчатым поясом; чеканные турецкие пистолеты были задвинуты за пояс; сабля брякала по ногам. Их лица, еще мало загоревшие, казалось, похорошели и побелели; молодые черные усы теперь как-то ярче оттеняли белизну их и здоровый, мощный цвет юности; они были хороши под черными бараньими шапками с

---

[9] шнурок, которым затягивали шаровары.

золотым верхом. Бедная мать как увидела их, и слова не могла промолвить, и слезы остановились в глазах ее.

— Ну, сыны, все готово! нечего мешкать! — произнес наконец Бульба. — Теперь, по обычаю христианскому, нужно перед дорогою всем присесть.

Все сели, не выключая даже и хлопцев, стоявших почтительно у дверей.

— Теперь благослови, мать, детей своих! — сказал Бульба. — Моли бога, чтобы они воевали храбро, защищали бы всегда честь лыцарскую [рыцарскую — Прим. Н.В.Гоголя], чтобы стояли всегда за веру Христову, а не то — пусть лучше пропадут, чтобы и духу их не было на свете! Подойдите, дети, к матери: молитва материнская и на воде и на земле спасает.

Мать, слабая, как мать, обняла их, вынула две небольшие иконы, надела им, рыдая, на шею.

— Пусть хранит вас... божья матерь... Не забывайте, сынки, мать вашу... пришлите хоть весточку о себе... — Далее она не могла говорить.

— Ну, пойдем, дети! — сказал Бульба.

У крыльца стояли оседланные кони. Бульба вскочил на своего Черта, который бешено отшатнулся, почувствовав на себе двадцатипудовое бремя, потому что Тарас был чрезвычайно тяжел и толст.

Когда увидела мать, что уже и сыны ее сели на коней, она кинулась к меньшому, у которого в чертах лица выражалось более какой-то нежности: она схватила его за стремя, она прилипнула к седлу его и с отчаяньем в глазах не выпускала его из рук своих. Два дюжих козака взяли ее бережно и унесли в хату. Но когда выехали они за ворота, она со всею легкостию дикой козы, несообразной ее летам, выбежала за ворота, с непостижимою силою остановила лошадь и обняла одного из сыновей с какою-то помешанною, бесчувственною горячностию; ее опять увели.

Молодые козаки ехали смутно и удерживали слезы, боясь отца, который, с своей стороны, был тоже несколько смущен, хотя старался этого не показывать. День был серый; зелень сверкала ярко; птицы щебетали как-то вразлад. Они, проехавши, оглянулись назад; хутор их как будто ушел в землю; только видны были над землей две трубы скромного их домика да вершины дерев, по сучьям которых они лазили, как белки; один только дальний луг еще стлался перед ними, — тот луг, по которому они могли припомнить всю историю своей жизни, от лет, когда катались по росистой траве его, до лет, когда поджидали в нем чернобровую козачку, боязливо перелетавшую через него с помощию своих свежих, быстрых ног. Вот уже один только шест над колодцем с привязанным вверху колесом от телеги одиноко торчит в небе; уже равнина, которую они проехали, кажется издали горою и все собою закрыла. — Прощайте и детство, и игры, и всё, и всё!

## II

Все три всадника ехали молчаливо. Старый Тарас думал о давнем: перед ним проходила его молодость, его лета, его протекшие лета, о которых всегда плачет козак, желавший бы, чтобы вся жизнь его была молодость. Он думал о том, кого он встретит на Сечи из своих прежних сотоварищей. Он вычислял, какие уже перемерли, какие живут еще. Слеза тихо круглилась на его зенице, и поседевшая голова его уныло понурилась.

Сыновья его были заняты другими мыслями. Но нужно сказать поболее о сыновьях его. Они были отданы по двенадцатому году в Киевскую академию, потому что все почетные сановники тогдашнего времени считали необходимостью дать воспитание своим детям, хотя это делалось с тем, чтобы после совершенно позабыть его. Они тогда были, как все поступавшие в бурсу, дики, воспитаны на свободе, и там уже они обыкновенно несколько шлифовались и получали что-то общее, делавшее их похожими друг на друга. Старший, Остап, начал с того свое поприще, что в первый год еще бежал. Его возвратили, высекли страшно и засадили за книгу. Четыре раза закапывал он свой букварь в землю, и четыре раза, отодравши его бесчеловечно, покупали ему новый. Но, без сомнения, он повторил бы и в пятый, если бы отец не дал ему торжественного обещания продержать его в монастырских служках целые двадцать лет и не поклялся наперед, что он не увидит Запорожья вовеки, если не выучится в академии всем наукам. Любопытно, что это говорил тот же самый Тарас Бульба, который бранил всю ученость и советовал, как мы уже видели, детям вовсе не заниматься ею. С этого времени Остап начал с необыкновенным старанием сидеть за скучною книгою и скоро стал наряду с лучшими. Тогдашний род учения страшно расходился с образом жизни: эти схоластические, грамматические, риторические и логические тонкости решительно не прикасались к времени, никогда не применялись и не повторялись в жизни. Учившиеся им ни к чему не могли привязать своих познаний, хотя бы даже менее схоластических. Самые тогдашние ученые более других были невежды, потому что вовсе были удалены от опыта. Притом же это республиканское устройство бурсы, это ужасное множество молодых, дюжих, здоровых людей — все это должно было им внушить деятельность совершенно вне их учебного занятия. Иногда плохое содержание, иногда частые наказания голодом, иногда многие потребности, возбуждающиеся в свежем, здоровом, крепком юноше, — все это, соединившись, рождало в них ту предприимчивость, которая после развивалась на Запорожье. Голодная бурса рыскала по улицам Киева и заставляла всех быть осторожными. Торговки, сидевшие на базаре, всегда закрывали руками своими пироги, бублики, семечки из тыкв, как орлицы детей своих, если только видели проходившего бурсака. Консул,[10] долженствовавший, по обязанности своей, наблюдать над подведомственными ему сотоварищами, имел такие страшные карманы в своих шароварах, что мог поместить туда всю лавку зазевавшейся торговки. Эти бурсаки составляли совершенно отдельный мир: в круг высший, состоявший из польских и русских дворян, они

---

[10] старший из бурсаков, избираемый для наблюдения за поведением своих товарищей.

не допускались. Сам воевода, Адам Кисель, несмотря на оказываемое покровительство академии, не вводил их в общество и приказывал держать их построже. Впрочем, это наставление было вовсе излишне, потому что ректор и профессоры-монахи не жалели лоз и плетей, и часто ликторы[11] по их приказанию пороли своих консулов так жестоко, что те несколько недель почесывали свои шаровары. Многим из них это было вовсе ничего и казалось немного чем крепче хорошей водки с перцем; другим наконец сильно надоедали такие беспрестанные припарки, и они убегали на Запорожье, если умели найти дорогу и если не были перехватываемы на пути. Остап Бульба, несмотря на то что начал с большим старанием учить логику и даже богословие, никак не избавлялся неумолимых розг. Естественно, что все это должно было как-то ожесточить характер и сообщить ему твердость, всегда отличавшую козаков. Остап считался всегда одним из лучших товарищей. Он редко предводительствовал другими в дерзких предприятиях — обобрать чужой сад или огород, но зато он был всегда одним из первых, приходивших под знамена предприимчивого бурсака, и никогда, ни в каком случае, не выдавал своих товарищей. Никакие плети и розги не могли заставить его это сделать. Он был суров к другим побуждениям, кроме войны и разгульной пирушки; по крайней мере, никогда почти о другом не думал. Он был прямодушен с равными. Он имел доброту в таком виде, в каком она могла только существовать при таком характере и в тогдашнее время. Он душевно был тронут слезами бедной матери, и это одно только его смущало и заставляло задумчиво опустить голову.

Меньшой брат его, Андрий, имел чувства несколько живее и как-то более развитые. Он учился охотнее и без напряжения, с каким обыкновенно принимается тяжелый и сильный характер. Он был изобретательнее своего брата; чаще являлся предводителем довольно опасного предприятия и иногда с помощию изобретательного ума своего умел увертываться от наказания, тогда как брат его Остап, отложивши всякое

---

[11] помощник консула.

попечение, скидал с себя свитку и ложился на пол, вовсе не думая просить о помиловании. Он также кипел жаждою подвига, но вместе с нею душа его была доступна и другим чувствам. Потребность любви вспыхнула в нем живо, когда он перешел за восемнадцать лет. Женщина чаще стала представляться горячим мечтам его; он, слушая философические диспуты, видел ее поминутно, свежую, черноокую, нежную. Пред ним беспрерывно мелькали ее сверкающие, упругие перси, нежная, прекрасная, вся обнаженная рука; самое платье, облипавшее вокруг ее девственных и вместе мощных членов, дышало в мечтах его каким-то невыразимым сладострастием. Он тщательно скрывал от своих товарищей эти движения страстной юношеской души, потому что в тогдашний век было стыдно и бесчестно думать козаку о женщине и любви, не отведав битвы. Вообще в последние годы он реже являлся предводителем какой-нибудь ватаги, но чаще бродил один где-нибудь в уединенном закоулке Киева, потопленном в вишневых садах, среди низеньких домиков, заманчиво глядевших на улицу. Иногда он забирался и в улицу аристократов, в нынешнем старом Киеве, где жили малороссийские и польские дворяне и домы были выстроены с некоторою прихотливостию. Один раз, когда он зазевался, наехала почти на него колымага какого-то польского пана, и сидевший на козлах возница с престрашными усами хлыснул его довольно исправно бичом. Молодой бурсак вскипел: с безумною смелостию схватил он мощною рукою своею за заднее колесо и остановил колымагу. Но кучер, опасаясь разделки, ударил по лошадям, они рванули — и Андрий, к счастию успевший отхватить руку, шлепнулся на землю, прямо лицом в грязь. Самый звонкий и гармонический смех раздался над ним. Он поднял глаза и увидел стоявшую у окна красавицу, какой еще не видывал отроду: черноглазую и белую, как снег, озаренный утренним румянцем солнца. Она смеялась от всей души, и смех придавал сверкающую силу ее ослепительной красоте. Он оторопел. Он глядел на нее, совсем потерявшись, рассеянно обтирая с лица своего грязь, которою еще более замазывался. Кто бы была эта красавица? Он хотел было узнать

15

от дворни, которая толпою, в богатом убранстве, стояла за воротами, окружив игравшего молодого бандуриста. Но дворня подняла смех, увидевши его запачканную рожу, и не удостоила его ответом. Наконец он узнал, что это была дочь приехавшего на время ковенского воеводы. В следующую же ночь, с свойственною одним бурсакам дерзостью, он пролез чрез частокол в сад, взлез на дерево, которое раскидывалось ветвями на самую крышу дома; с дерева перелез он на крышу и через трубу камина пробрался прямо в спальню красавицы, которая в это время сидела перед свечою и вынимала из ушей своих дорогие серьги. Прекрасная полячка так испугалась, увидевши вдруг перед собою незнакомого человека, что не могла произнесть ни одного слова; но когда приметила, что бурсак стоял, потупив глаза и не смея от робости пошевелить рукою, когда узнала в нем того же самого, который хлопнулся перед ее глазами на улице, смех вновь овладел ею. Притом в чертах Андрия ничего не было страшного: он был очень хорош собою. Она от души смеялась и долго забавлялась над ним. Красавица была ветрена, как полячка, но глаза ее, глаза чудесные, пронзительно-ясные, бросали взгляд долгий, как постоянство. Бурсак не мог пошевелить рукою и был связан, как в мешке, когда дочь воеводы смело подошла к нему, надела ему на голову свою блистательную диадему, повесила на губы ему серьги и накинула на него кисейную прозрачную шемизетку[12] с фестонами, вышитыми золотом. Она убирала его и делала с ним тысячу разных глупостей с развязностию дитяти, которою отличаются ветреные полячки и которая повергла бедного бурсака в еще большее смущение. Он представлял смешную фигуру, раскрывши рот и глядя неподвижно в ее ослепительные очи. Раздавшийся в это время у дверей стук испугал ее. Она велела ему спрятаться под кровать, и как только беспокойство прошло, она кликнула свою горничную, пленную татарку, и дала ей приказание осторожно вывесть его в сад и оттуда отправить через забор. Но на этот раз бурсак наш не так счастливо перебрался через забор:

---

[12] накидка.

16

проснувшийся сторож хватил его порядочно по ногам, и собравшаяся дворня долго колотила его уже на улице, покамест быстрые ноги не спасли его. После этого проходить возле дома было очень опасно, потому что дворня у воеводы была очень многочисленна. Он встретил ее еще раз в костеле: она заметила его и очень приятно усмехнулась, как давнему знакомому. Он видел ее вскользь еще один раз, и после этого воевода ковенский скоро уехал, и вместо прекрасной черноглазой полячки выглядывало из окон какое-то толстое лицо. Вот о чем думал Андрий, повесив голову и потупив глаза в гриву коня своего.

А между тем степь уже давно приняла их всех в свои зеленые объятия, и высокая трава, обступивши, скрыла их, и только козачьи черные шапки одни мелькали между ее колосьями.

— Э, э, э! что же это вы, хлопцы, так притихли? — сказал наконец Бульба, очнувшись от своей задумчивости. — Как будто какие-нибудь чернецы! Ну, разом все думки к нечистому! Берите в зубы люльки, да закурим, да пришпорим коней, да полетим так, чтобы и птица не угналась за нами!

И козаки, принагнувшись к коням, пропали в траве. Уже и черных шапок нельзя было видеть; одна только струя сжимаемой травы показывала след их быстрого бега.

Солнце выглянуло давно на расчищенном небе и живительным, теплотворным светом своим облило степь. Все, что смутно и сонно было на душе у козаков, вмиг слетело; сердца их встрепенулись, как птицы.

Степь чем далее, тем становилась прекраснее. Тогда весь юг, все то пространство, которое составляет нынешнюю Новороссию, до самого Черного моря, было зеленою, девственною пустынею. Никогда плуг не проходил по неизмеримым волнам диких растений. Одни только кони, скрывавшиеся в них, как в лесу, вытоптывали их. Ничего в природе не могло быть лучше. Вся поверхность земли представлялась зелено-золотым океаном, по которому брызнули миллионы разных цветов. Сквозь тонкие, высокие стебли травы сквозили голубые, синие и лиловые волошки;

желтый дров выскакивал вверх своею пирамидальною верхушкою; белая кашка зонтикообразными шапками пестрела на поверхности; занесенный бог знает откуда колос пшеницы наливался в гуще. Под тонкими их корнями шныряли куропатки, вытянув свои шеи. Воздух был наполнен тысячью разных птичьих свистов. В небе неподвижно стояли ястребы, распластав свои крылья и неподвижно устремив глаза свои в траву. Крик двигавшейся в стороне тучи диких гусей отдавался бог весть в каком дальнем озере. Из травы подымалась мерными взмахами чайка и роскошно купалась в синих волнах воздуха. Вон она пропала в вышине и только мелькает одною черною точкою. Вон она перевернулась крылами и блеснула перед солнцем... Черт вас возьми, степи, как вы хороши!..

Наши путешественники останавливались только на несколько минут для обеда, причем ехавший с ними отряд из десяти козаков слезал с лошадей, отвязывал деревянные баклажки с горелкою и тыквы, употребляемые вместо сосудов. Ели только хлеб с салом или коржи, пили только по одной чарке, единственно для подкрепления, потому что Тарас Бульба не позволял никогда напиваться в дороге, и продолжали путь до вечера. Вечером вся степь совершенно переменялась. Все пестрое пространство ее охватывалось последним ярким отблеском солнца и постепенно темнело, так что видно было, как тень перебегала по нем, и она становилась темнозеленою; испарения подымались гуще, каждый цветок, каждая травка испускала амбру, и вся степь курилась благовонием. По небу, изголуба-темному, как будто исполинскою кистью наляпаны были широкие полосы из розового золота; изредка белели клоками легкие и прозрачные облака, и самый свежий, обольстительный, как морские волны, ветерок едва колыхался по верхушкам травы и чуть дотрогивался до щек. Вся музыка, звучавшая днем, утихала и сменялась другою. Пестрые суслики выпалзывали из нор своих, становились на задние лапки и оглашали степь свистом. Трещание кузнечиков становилось слышнее. Иногда слышался из какого-нибудь уединенного озера крик лебедя и, как серебро, отдавался в воздухе. Путешественники, остановившись среди полей, избирали ночлег, раскладывали огонь и ставили на него котел, в котором варили себе кулиш;[13] пар отделялся и косвенно дымился на воздухе. Поужинав, козаки ложились спать, пустивши по траве спутанных коней своих, Они раскидывались на свитках. На них прямо глядели ночные звезды. Они слышали своим ухом весь бесчисленный мир насекомых, наполнявших траву, весь их треск, свист, стрекотанье, — все это звучно раздавалось среди ночи, очищалось в свежем воздухе и убаюкивало дремлющий слух. Если же кто-нибудь из них подымался и вставал на время, то ему представлялась степь усеянною блестящими искрами светящихся червей. Иногда ночное небо в разных местах освещалось дальним заревом от выжигаемого по лугам и рекам сухого тростника, и темная вереница лебедей, летевших на север, вдруг освещалась серебряно-розовым светом, и тогда казалось, что красные платки летали по темному небу.

Путешественники ехали без всяких приключений. Нигде не попадались им деревья, все та же бесконечная, вольная, прекрасная степь. По временам только в стороне синели верхушки отдаленного леса, тянувшегося по берегам Днепра. Один только раз Тарас указал сыновьям на маленькую, черневшую в дальней траве точку, сказавши: "Смотрите, детки, вон скачет татарин!" Маленькая головка с усами уставила издали прямо на них узенькие глаза свои, понюхала воздух, как гончая собака, и, как серна, пропала, увидевши, что козаков было тринадцать человек. "А ну, дети, попробуйте догнать татарина!.. И не пробуйте — вовеки не поймаете: у него конь быстрее моего Черта". Однако ж Бульба взял предосторожность, опасаясь где-нибудь скрывшейся засады. Они прискакали к небольшой речке, называвшейся Татаркою, впадающей в Днепр, кинулись в воду с конями своими и долго плыли по ней. чтобы скрыть след свой, и тогда уже, выбравшись на берег, они продолжали далее путь.

Чрез три дни после этого они были уже недалеко от места

---

[13] жидкая пшенная каша с салом.

бывшего предметом их поездки. В воздухе вдруг захолодело; они почувствовали близость Днепра. Вот он сверкает вдали и темною полосою отделился от горизонта. Он веял холодными волнами и расстилался ближе, ближе и, наконец, обхватил половину всей поверхности земли. Это было то место Днепра, где он, дотоле спертый порогами, брал наконец свое и шумел, как море, разлившись по воле; где брошенные в средину его острова вытесняли его еще далее из берегов и волны его стлались широко по земле, не встречая ни утесов, ни возвышений. Козаки сошли с коней своих, взошли на паром и чрез три часа плавания были уже у берегов острова Хортицы, где была тогда Сечь, так часто переменявшая свое жилище.

Куча народу бранилась на берегу с перевозчиками. Козаки оправили коней. Тарас приосанился, стянул на себе покрепче пояс и гордо провел рукою по усам. Молодые сыны его тоже осмотрели себя с ног до головы с каким-то страхом и неопределенным удовольствием, — и все вместе въехали в предместье, находившееся за полверсты от Сечи. При въезде их оглушили пятьдесят кузнецких молотов, ударявших в двадцати пяти кузницах, покрытых дерном и вырытых в земле. Сильные кожевники сидели под навесом крылец на улице и мяли своими дюжими руками бычачьи кожи. Крамари под ятками[14] сидели с кучами кремней, огнивами и порохом. Армянин развесил дорогие платки. Татарин ворочал на рожнах бараньи катки[15] с тестом. Жид, выставив вперед свою голову, цедил из бочки горелку. Но первый, кто попался им навстречу, это был запорожец, спавший на самой средине дороги, раскинув руки и ноги. Тарас Бульба не мог не остановиться и не полюбоваться на него.

— Эх, как важно развернулся! Фу ты, какая пышная фигура! — говорил он, остановивши коня.

В самом деле, это была картина довольно смелая: запорожец как лев растянулся на дороге. Закинутый гордо чуб его захватывал на пол-аршина земли. Шаровары алого

---

[14] торговцы в палатках.
[15] куски бараньего мяса.

дорогого сукна были запачканы дегтем для показания полного к ним презрения. Полюбовавшись, Бульба пробирался далее по тесной улице, которая была загромождена мастеровыми, тут же отправлявшими ремесло свое, и людьми всех наций, наполнявшими это предместие Сечи, которое было похоже на ярмарку и которое одевало и кормило Сечь, умевшую только гулять да палить из ружей.

Наконец они миновали предместие и увидели несколько разбросанных куреней, покрытых дерном или, по-татарски, войлоком. Иные уставлены были пушками. Нигде не видно было забора или тех низеньких домиков с навесами на низеньких деревянных столбиках, какие были в предместье. Небольшой вал и засека, не хранимые решительно никем, показывали страшную беспечность. Несколько дюжих запорожцев, лежавших с трубками в зубах на самой дороге, посмотрели на них довольно равнодушно и не сдвинулись с места. Тарас осторожно проехал с сыновьями между них, сказавши: "Здравствуйте, панове!" — "Здравствуйте и вы!" — отвечали запорожцы. Везде, по всему полю, живописными кучами пестрел народ. По смуглым лицам видно было, что все они были закалены в битвах, испробовали всяких невзгод. Так вот она, Сечь! Вот то гнездо, откуда вылетают все те гордые и крепкие, как львы! Вот откуда разливается воля и козачество на всю Украйну!

Путники выехали на обширную площадь, где обыкновенно собиралась рада. На большой опрокинутой бочке сидел запорожец без рубашки: он держал в руках ее и медленно зашивал на ней дыры. Им опять перегородила дорогу целая толпа музыкантов, в средине которых отплясывал молодой запорожец, заломивши шапку чертом и вскинувши руками. Он кричал только: "Живее играйте, музыканты! Не жалей, Фома, горелки православным христианам!" И Фома, с подбитым глазом, мерял без счету каждому приставававшему по огромнейшей кружке. Около молодого запорожца четверо старых вырабатывали довольно мелко ногами, вскидывались, как вихорь, на сторону, почти на голову музыкантам, и, вдруг опустившись, неслись вприсядку и били круто и крепко своими серебряными подковами плотно убитую землю. Земля глухо гудела на всю округу, и в воздухе далече отдавались гопаки и тропаки, выбиваемые звонкими подковами сапогов. Но один всех живее вскрикивал и летел вслед за другими в танце. Чуприна развевалась по ветру, вся открыта была сильная грудь; теплый зимний кожух был надет в рукава, и пот градом лил с него, как из ведра. "Да сними хоть кожух! — сказал наконец Тарас. — Видишь, как парит!" — "Не можно!" — кричал запорожец. "Отчего?" — "Не можно; у меня уж такой нрав: что скину, то пропью". А шапки уж давно не было на молодце, ни пояса на кафтане, ни шитого платка; все пошло куда следует. Толпа росла; к танцующим приставали другие, и нельзя было видеть без внутреннего движенья, как все отдирало танец самый вольный, самый бешеный, какой только видел когда-либо свет и который, по своим мощным изобретателям, назван козачком.

— Эх, если бы не конь! — вскрикнул Тарас, — пустился бы, право, пустился бы сам в танец!

А между тем в народе стали попадаться и степенные, уваженные по заслугам всею Сечью, седые, старые чубы, бывавшие не раз старшинами. Тарас скоро встретил множество знакомых лиц. Остап и Андрий слышали только приветствия: "А, это ты, Печерица! Здравствуй, Козолуп!" — "Откуда бог несет тебя, Тарас?" — "Ты как сюда зашел, Долото?" — "Здорово, Кирдяга! Здорово, Густый! Думал ли я видеть тебя, Ремень?" И витязи, собравшиеся со всего разгульного мира восточной России, целовались взаимно; и тут понеслись вопросы: "А что Касьян? Что Бородавка? Что Колопер? Что Пидсышок?" И слышал только в ответ Тарас Бульба, что Бородавка повешен в Толопане, что с Колопера содрали кожу под Кизикирменом, что Пидсышкова голова посолена в бочке и отправлена в самый Царьград. Понурил голову старый Бульба и раздумчиво говорил: "Добрые были козаки!"

# III

Уже около недели Тарас Бульба жил с сыновьями своими на Сечи. Остап и Андрий мало занимались военною школою. Сечь не любила затруднять себя военными упражнениями и терять время; юношество воспитывалось и образовывалось в ней одним опытом, в самом пылу битв, которые оттого были почти беспрерывны. Промежутки козаки почитали скучным занимать изучением какой-нибудь дисциплины, кроме разве стрельбы в цель да изредка конной скачки и гоньбы за зверем в степях и лугах; все прочее время отдавалось гульбе — признаку широкого размета душевной воли. Вся Сечь представляла необыкновенное явление. Это было какое-то беспрерывное пиршество, бал, начавшийся шумно и потерявший конец свой. Некоторые занимались ремеслами, иные держали лавочки и торговали; но большая часть гуляла с утра до вечера, если в карманах звучала возможность и добытое добро не перешло еще в руки торгашей и шинкарей. Это общее пиршество имело в себе что-то околдовывающее. Оно не было сборищем бражников, напивавшихся с горя, но было просто бешеное разгулье веселости. Всякий приходящий сюда позабывал и бросал все, что дотоле его занимало. Он, можно сказать, плевал на свое прошедшее и беззаботно предавался воле и товариществу таких же, как сам, гуляк, не имевших ни родных, ни угла, ни семейства, кроме вольного неба и вечного пира души своей. Это производило ту бешеную веселость, которая не могла бы родиться ни из какого другого источника. Рассказы и болтовня среди собравшейся толпы, лениво отдыхавшей на земле, часто так были смешны и дышали такою силою живого рассказа, что нужно было иметь всю хладнокровную наружность запорожца, чтобы сохранять неподвижное выражение лица, не моргнув даже усом, — резкая черта, которою отличается доныне от других братьев своих южный россиянин. Веселость была пьяна, шумна, но при всем том это не был черный кабак, где мрачно-искажающим весельем забывается человек; это был тесный круг школьных товарищей. Разница была только в том, что вместо сидения за указкой и пошлых толков учителя они производили набег на пяти тысячах коней; вместо луга, где играют в мяч, у них были неохраняемые, беспечные границы, в виду которых татарин выказывал быструю свою голову и неподвижно, сурово глядел турок в зеленой чалме своей. Разница та, что вместо насильной воли, соединившей их в школе, они сами собою кинули отцов и матерей и бежали из родительских домов; что здесь были те, у которых уже моталась около шеи веревка и которые вместо бледной смерти увидели жизнь — и жизнь во всем разгуле; что здесь были те, которые, по благородному обычаю, не могли удержать в кармане своем копейки; что здесь были те, которые дотоле червонец считали богатством, у которых, по милости арендаторов-жидов, карманы можно было выворотить без всякого опасения что-нибудь выронить. Здесь были все бурсаки, не вытерпевшие академических лоз и не вынесшие из школы ни одной буквы; но вместе с ними здесь были и те, которые знали, что такое Гораций, Цицерон и Римская республика. Тут было много тех офицеров, которые потом отличались в королевских войсках; тут было множество образовавшихся опытных партизанов, которые имели благородное убеждение мыслить, что все равно, где бы ни воевать, только бы воевать, потому что неприлично благородному человеку быть без битвы. Много было и таких, которые пришли на Сечь с тем, чтобы потом сказать, что они были на Сечи и уже закаленные рыцари. Но кого тут не было? Эта странная республика была именно потребностию того века. Охотники до военной жизни, до золотых кубков, богатых парчей, дукатов и реалов во всякое время могли найти здесь работу. Одни только обожатели женщин не могли найти здесь ничего, потому что даже в предместье Сечи не смела показываться ни одна женщина.

Остапу и Андрию казалось чрезвычайно странным, что при них же приходила на Сечь гибель народа, и хоть бы кто-нибудь спросил: откуда эти люди, кто они и как их зовут. Они приходили сюда, как будто бы возвращаясь в свой собственный дом, из которого только за час пред тем вышли. Пришедший являлся только к кошевому; который обыкновенно говорил:

— Здравствуй! Что, во Христа веруешь?

— Верую! — отвечал приходивший.

— И в троицу святую веруешь?

— Верую!

— И в церковь ходишь?

— Хожу!

— А ну, перекрестись!

Пришедший крестился.

— Ну, хорошо, — отвечал кошевой,[16] — ступай же в который сам знаешь курень.

Этим оканчивалась вся церемония. И вся Сечь молилась в одной церкви и готова была защищать ее до последней капли крови, хотя и слышать не хотела о посте и воздержании. Только побуждаемые сильною корыстию жиды, армяне и татары осмеливались жить и торговать в предместье, потому что запорожцы никогда не любили торговаться, а сколько рука вынула из кармана денег, столько и платили. Впрочем, участь этих корыстолюбивых торгашей была очень жалка. Они были похожи на тех, которые селились у подошвы Везувия, потому что как только у запорожцев не ставало денег, то удалые разбивали их лавочки и брали всегда даром. Сечь состояла из шестидесяти с лишком куреней, которые очень походили на отдельные, независимые республики, а еще более походили на школу и бурсу детей, живущих на всем готовом. Никто ничем не заводился и не держал у себя. Все было на руках у куренного атамана, который за это обыкновенно носил название батька. У него были на руках деньги, платья, весь харч, саламата,[17] каша и даже топливо; ему отдавали деньги под сохран. Нередко происходила ссора у куреней с куренями. В таком случае дело тот же час доходило до драки. Курени покрывали площадь и кулаками ломали друг другу бока, пока одни не пересиливали наконец и не брали верх, и тогда начиналась гульня. Такова была эта Сечь, имевшая столько приманок для молодых людей.

Остап и Андрий кинулись со всею пылкостью юношей в это разгульное море и забыли вмиг и отцовский дом, и бурсу, и

---

[16] руководитель коша (стана), выбиравшийся ежегодно.

[17] мучная похлебка (преимущественно из гречневой муки).

все, что волновало прежде душу, и предались новой жизни. Все занимало их: разгульные обычаи Сечи и немногосложная управа и законы, которые казались им иногда даже слишком строгими среди такой своевольной республики. Если козак проворовался, украл какую-нибудь безделицу, это считалось уже поношением всему козачеству: его, как бесчестного, привязывали к позорному столбу и клали возле него дубину, которою всякий проходящий обязан был нанести ему удар, пока таким образом не забивали его насмерть. Не платившего должника приковывали цепью к пушке, где должен был он сидеть до тех пор, пока кто-нибудь из товарищей не решался его выкупить и заплатить за него долг. Но более всего произвела впечатленья на Андрия страшная казнь, определенная за смертоубийство. Тут же, при нем, вырыли яму, опустили туда живого убийцу и сверх него поставили гроб, заключавший тело им убиенного, и потом обоих засыпали землею. Долго потом все чудился ему страшный обряд казни и все представлялся этот заживо засыпанный человек вместе с ужасным гробом.

Скоро оба молодые козака стали на хорошем счету у козаков. Часто вместе с другими товарищами своего куреня, а иногда со всем куренем и с соседними куренями выступали они в степи для стрельбы несметного числа всех возможных степных птиц, оленей и коз или же выходили на озера, реки и протоки, отведенные по жребию каждому куреню, закидывать невода, сети и тащить богатые тони на продовольствие всего куреня. Хотя и не было тут науки, на которой пробуется козак, но они стали уже заметны между другими молодыми прямою удалью и удачливостью во всем. Бойко и метко стреляли в цель, переплывали Днепр против течения — дело, за которое новичок принимался торжественно в козацкие круги.

Но старый Тарас готовил другую им деятельность. Ему не по душе была такая праздная жизнь — настоящего дела хотел он. Он все придумывал, как бы поднять Сечь на отважное предприятие, где бы можно было разгуляться как следует рыцарю. Наконец в один день пришел к кошевому и сказал ему прямо:

— Что, кошевой, пора бы погулять запорожцам?

— Негде погулять, — отвечал кошевой, вынувши изо рта маленькую трубку и сплюнув на сторону.

— Как негде? Можно пойти на Турещину или на Татарву.

— Не можно ни в Турещину, ни в Татарву, — отвечал кошевой, взявши опять хладнокровно в рот свою трубку.

— Как не можно?

— Так. Мы обещали султану мир.

— Да ведь он бусурмен: и бог и Святое писание велит бить бусурменов.

— Не имеем права. Если б не клялись еще нашею верою, то, может быть, и можно было бы; а теперь нет, не можно.

— Как не можно? Как же ты говоришь: не имеем права? Вот у меня два сына, оба молодые люди. Еще ни разу ни тот, ни другой не был на войне, а ты говоришь — не имеем права; а ты говоришь — не нужно идти запорожцам.

— Ну, уж не следует так.

— Так, стало быть, следует, чтобы пропадала даром козацкая сила, чтобы человек сгинул, как собака, без доброго дела, чтобы ни отчизне, ни всему христианству не было от него никакой пользы? Так на что же мы живем, на какого черта мы живем? растолкуй ты мне это. Ты человек умный, тебя недаром выбрали в кошевые, растолкуй ты мне, на что мы живем?

Кошевой не дал ответа на этот запрос Это был упрямый козак. Он немного помолчал и потом сказал:

— А войне все-таки не бывать.

— Так не бывать войне? — спросил опять Тарас.

— Нет.

— Так уж и думать об этом нечего?

— И думать об этом нечего.

"Постой же ты, чертов кулак! — сказал Бульба про себя, — ты у меня будешь знать!" И положил тут же отмстить кошевому.

Сговорившись с тем и другим, задал он всем попойку, и хмельные козаки, в числе нескольких человек, повалили прямо на площадь, где стояли привязанные к столбу литавры, в которые обыкновенно били сбор на раду. Не нашедши палок, хранившихся всегда у довбиша, они схватили по полену в руки и начали колотить в них. На бой прежде всего прибежал довбиш, высокий человек с одним только глазом, несмотря, однако ж, на то, страшно заспанным.

— Кто смеет бить в литавры? — закричал он.

— Молчи! возьми свои палки, да и колоти, когда тебе велят! — отвечали подгулявшие старшины.

Довбиш вынул тотчас из кармана палки, которые он взял с собою, очень хорошо зная окончание подобных происшествий. Литавры грянули, — и скоро на площадь, как шмели, стали собираться черные кучи запорожцев. Все собрались в кружок, и после третьего боя показались наконец старшины: кошевой с палицей в руке — знаком своего достоинства, судья с войсковою печатью, писарь с чернильницею и есаул с жезлом. Кошевой и старшины сняли шапки и раскланялись на все стороны козакам, которые гордо стояли, подпершись руками в бока.

— Что значит это собранье? Чего хотите, панове? — сказал кошевой. Брань и крики не дали ему говорить.

— Клади палицу! Клади, чертов сын, сей же час палицу! Не хотим тебя больше! — кричали из толпы козаки.

Некоторые из трезвых куреней хотели, как казалось, противиться; но курени, и пьяные и трезвые, пошли на кулаки. Крик и шум сделались общими.

Кошевой хотел было говорить, но, зная, что разъярившаяся, своевольная толпа может за это прибить его насмерть, что всегда почти бывает в подобных случаях, поклонился очень низко, положил палицу и скрылся в толпе.

— Прикажете, панове, и нам положить знаки достоинства? — сказали судья, писарь и есаул и готовились тут же положить чернильницу, войсковую печать и жезл.

— Нет, вы оставайтесь! — закричали из толпы. — нам нужно было только прогнать кошевого, потому что он баба, а нам нужно человека в кошевые.

— Кого же выберете теперь в кошевые? — сказали старшины.

28

— Кукубенка выбрать! — кричала часть.

— Не хотим Кукубенка! — кричала другая. — Рано ему, еще молоко на губах не обсохло!

— Шило пусть будет атаманом! — кричали одни. — Шила посадить в кошевые!

— В спину тебе шило! — кричала с бранью толпа. — Что он за козак, когда проворовался, собачий сын, как татарин? К черту в мешок пьяницу Шила!

— Бородатого, Бородатого посадим в кошевые!

— Не хотим Бородатого! К нечистой матери Бородатого!

— Кричите Кирдягу! — шепнул Тарас Бульба некоторым.

— Кирдягу! Кирдягу! — кричала толпа. — Бородатого! Бородатого! Кирдягу! Кирдягу! Шила! К черту с Шилом! Кирдягу!

Все кандидаты, услышавши произнесенными свои имена, тотчас же вышли из толпы, чтобы не подать никакого повода думать, будто бы они помогали личным участьем своим в избрании.

— Кирдягу! Кирдягу! — раздавалось сильнее прочих. — Бородатого!

Дело принялись доказывать кулаками, и Кирдяга восторжествовал.

— Ступайте за Кирдягою! — закричали.

Человек десяток козаков отделилось тут же из толпы; некоторые из них едва держались на ногах — до такой степени успели нагрузиться, — и отправились прямо к Кирдяге, объявить ему о его избрании.

Кирдяга, хотя престарелый, но умный козак, давно уже сидел в своем курене и как будто бы не ведал ни о чем происходившем.

— Что, панове, что вам нужно? — спросил он.

— Иди, тебя выбрали в кошевые!..

— Помилосердствуйте, панове! — сказал Кирдяга. — Где мне быть достойну такой чести! Где мне быть кошевым! Да у меня и разума не хватит к отправленью такой должности. Будто уже никого лучшего не нашлось в целом войске?

— Ступай же, говорят тебе! — кричали запорожцы. Двое

29

из них схватили его под руки, и как он ни упирался ногами, но был наконец притащен на площадь, сопровождаемый бранью, подталкиваньем сзади кулаками, пинками и увещаньями. — Не пяться же, чертов сын! Принимай же честь, собака, когда тебе дают ее!

Таким образом введен был Кирдяга в козачий круг.

— Что, панове? — провозгласили во весь народ приведшие его. — Согласны ли вы, чтобы сей козак был у нас кошевым?

— Все согласны! — закричала толпа, и от крику долго гремело все поле.

Один из старшин взял палицу и поднес ее новоизбранному кошевому. Кирдяга, по обычаю, тотчас же отказался. Старшина поднес в другой раз. Кирдяга отказался и в другой раз и потом уже, за третьим разом, взял палицу. Ободрительный крик раздался по всей толпе, и вновь далеко загудело от козацкого крика все поле. Тогда выступило из средины народа четверо самых старых, седоусых и седочупринных козаков (слишком старых не было на Сечи, ибо никто из запорожцев не умирал своею смертью) и, взявши каждый в руки земли, которая на ту пору от бывшего дождя растворилась в грязь, положили ее ему на голову. Стекла с головы его мокрая земля, потекла по усам и по щекам и все лицо замазала ему грязью. Но Кирдяга стоял не сдвинувшись и благодарил козаков за оказанную честь.

Таким образом кончилось шумное избрание, которому, неизвестно, были ли так рады другие, как рад был Бульба: этим он отомстил прежнему кошевому; к тому же и Кирдяга был старый его товарищ и бывал с ним в одних и тех же сухопутных и морских походах, деля суровости и труды боевой жизни. Толпа разбрелась тут же праздновать избранье, и поднялась гульня, какой еще не видывали дотоле Остап и Андрий. Винные шинки были разбиты; мед, горелка и пиво забирались просто, без денег; шинкари были уже рады и тому, что сами остались целы. Вся ночь прошла в криках и песнях, славивших подвиги. И взошедший месяц долго еще видел толпы музыкантов, проходивших по улицам с бандурами, турбанами, круглыми балалайками, и церковных песельников, которых держали на Сечи для пенья в церкви и для восхваленья запорожских дел. Наконец хмель и утомленье стали одолевать крепкие головы. И видно было, как то там, то в другом месте падал на землю козак. Как товарищ, обнявши товарища, расчувствовавшись и даже заплакавши, валился вместе с ним. Там гурьбою улегалась целая куча; там выбирал иной, как бы получше ему улечься, и лег прямо на деревянную колоду. Последний, который был покрепче, еще выводил какие-то бессвязные речи; наконец и того подкосила хмельная сила, и тот повалился — и заснула вся Сечь.

# IV

А на другой день Тарас Бульба уже совещался с новым кошевым, как поднять запорожцев на какое-нибудь дело. Кошевой был умный и хитрый козак, знал вдоль и поперек запорожцев и сначала сказал: "Не можно клятвы преступить, никак не можно". А потом, помолчавши, прибавил: "Ничего, можно; клятвы мы не преступим, а так кое-что придумаем. Пусть только соберется народ, да не то чтобы по моему приказу, а просто своею охотою. Вы уж знаете, как это сделать. А мы со старшинами тотчас и прибежим на площадь, будто бы ничего не знаем".

Не прошло часу после их разговора, как уже грянули в литавры. Нашлись вдруг и хмельные и неразумные козаки. Миллион козацких шапок высыпал вдруг на площадь. Поднялся говор: "Кто?.. Зачем?.. Из-за какого дела пробили сбор?" Никто не отвечал. Наконец в том и в другом углу стало раздаваться: "Вот пропадает даром козацкая сила: нет войны!.. Вот старшины забайбачились наповал, позаплыли жиром очи!.. Нет, видно, правды на свете!" Другие козаки слушали сначала, а потом и сами стали говорить: "А и вправду нет никакой правды на свете!" Старшины казались изумленными от таких речей. Наконец кошевой вышел вперед и сказал:

— Позвольте, панове запорожцы, речь держать!

— Держи!

— Вот в рассуждении того теперь идет речь, панове добродийство, — да вы, может быть, и сами лучше это знаете, — что многие запорожцы позадолжались в шинки жидам и своим братьям столько, что ни один черт теперь и веры неймет. Потом опять в рассуждении того пойдет речь, что есть много таких хлопцев, которые еще и в глаза не видали, что такое война, тогда как молодому человеку, — и сами знаете, панове, — без войны не можно пробыть. Какой и запорожец из него, если он еще ни разу не бил бусурмена?

"Он хорошо говорит", — подумал Бульба.

— Не думайте, панове, чтобы я, впрочем, говорил это для того, чтобы нарушить мир: сохрани бог! Я только так это говорю. Притом же у нас храм божий — грех сказать, что такое: вот сколько лет уже, как, по милости божией, стоит Сечь, а до сих пор не то уже чтобы снаружи церковь, но даже образа без всякого убранства. Хотя бы серебряную ризу кто догадался им выковать! Они только то и получили, что отказали в духовной иные козаки. Да и даяние их было бедное, потому что почти всё пропили еще при жизни своей. Так я все веду речь эту не к тому, чтобы начать войну с бусурменами: мы обещали султану мир, и нам бы великий был грех, потому что мы клялись по закону нашему.

— Что ж он путает такое? — сказал про себя Бульба.

— Да, так видите, панове, что войны не можно начать. Рыцарская честь не велит. А по своему бедному разуму вот что я думаю: пустить с челнами одних молодых, пусть немного пошарпают берега Натолии.[18] Как думаете, панове?

— Веди, веди всех! — закричала со всех сторон толпа. — За веру мы готовы положить головы!

Кошевой испугался; он ничуть не хотел подымать всего Запорожья: разорвать мир ему казалось в этом случае делом неправым.

— Позвольте, панове, еще одну речь держать!

— Довольно! — кричали запорожцы, — лучше не скажешь!

— Когда так, то пусть будет так. Я слуга вашей воли. Уж

---

[18] Анатолия, черноморское побережье Крыма.

дело известное, и по Писанью известно, что глас народа — глас божий. Уж умнее того нельзя выдумать, что весь народ выдумал. Только вот что: вам известно, панове, что султан не оставит безнаказанно то удовольствие, которым потешатся молодцы. А мы тем временем были бы наготове, и силы у нас были бы свежие, и никого б не побоялись. А во время отлучки и татарва может напасть: они, турецкие собаки, в глаза не кинутся и к хозяину на дом не посмеют прийти, а сзади укусят за пяты, да и больно укусят. Да если уж пошло на то, чтобы говорить правду, у нас и челнов нет столько в запасе, да и пороху не намолото в таком количестве, чтобы можно было всем отправиться. А я, пожалуй, я рад: я слуга вашей воли.

Хитрый атаман замолчал. Кучи начали переговариваться, куренные атаманы совещаться; пьяных, к счастью, было немного, и потому решились послушаться благоразумного совета.

В тот же час отправились несколько человек на противуположный берег Днепра, в войсковую скарбницу, где, в неприступных тайниках, под водою и в камышах, скрывалась войсковая казна и часть добытых у неприятеля оружий. Другие все бросились к челнам, осматривать их и снаряжать в дорогу. Вмиг толпою народа наполнился берег. Несколько плотников явились с топорами в руках. Старые, загорелые, широкоплечие, дюженогие запорожцы, с проседью в усах и черноусые, засучив шаровары, стояли по колени в воде и стягивали челны с берега крепким канатом. Другие таскали готовые сухие бревна и всякие деревья. Там обшивали досками челн; там, переворотивши его вверх дном, конопатили и смолили; там увязывали к бокам других челнов, по козацкому обычаю, связки длинных камышей, чтобы не затопило челнов морскою волною; там, дальше по всему прибрежью, разложили костры и кипятили в медных казанах смолу на заливанье судов. Бывалые и старые поучали молодых. Стук и рабочий крик подымался по всей окружности; весь колебался и двигался живой берег.

В это время большой паром начал причаливать к берегу. Стоявшая на нем толпа людей еще издали махала руками. Это

33

были козаки в оборванных свитках. Беспорядочный наряд — у многих ничего не было, кроме рубашки и коротенькой трубки в зубах, — показывал, что они или только что избегнули какой-нибудь беды, или же до того загулялись, что прогуляли все, что ни было на теле. Из среды их отделился и стал впереди приземистый, плечистый козак, человек лет пятидесяти. Он кричал и махал рукою сильнее всех, но за стуком и криками рабочих не было слышно его слов.

— А с чем приехали? — спросил кошевой, когда паром приворотил к берегу.

Все рабочие, остановив свои работы и подняв топоры и долота, смотрели в ожидании.

— С бедою! — кричал с парома приземистый козак.

— С какою?

— Позвольте, панове запорожцы, речь держать?

— Говори!

— Или хотите, может быть, собрать раду?

— Говори, мы все тут.

Народ весь стеснился в одну кучу.

— А вы разве ничего не слыхали о том, что делается на гетьманщине?

— А что? — произнес один из куренных атаманов.

— Э! что? Видно, вам татарин заткнул клейтухом[19] уши, что вы ничего не слыхали.

— Говори же, что там делается?

— А то делается, что и родились и крестились, еще не видали такого.

— Да говори нам, что делается, собачий сын! — закричал один из толпы, как видно, потеряв терпение.

— Такая пора теперь завелась, что уже церкви святые теперь не наши.

— Как не наши?

— Теперь у жидов они на аренде. Если жиду вперед не заплатишь, то и обедни нельзя править.

— Что ты толкуешь?

---

[19] пыж.

— И если рассобачий жид не положит значка нечистою своею рукою на святой пасхе, то и святить пасхи нельзя.

— Врет он, паны-браты, не может быть того, чтобы нечистый жид клал значок на святой пасхе!

— Слушайте!.. еще не то расскажу: и ксендзы ездят теперь по всей Украйне в таратайках. Да не то беда, что в таратайках, а то беда, что запрягают уже не коней, а просто православных христиан. Слушайте! еще не то расскажу: уже говорят, жидовки шьют себе юбки из поповских риз. Вот какие дела водятся на Украйне, панове! А вы тут сидите на Запорожье да гуляете, да, видно, татарин такого задал вам страху, что у вас уже ни глаз, ни ушей — ничего нет, и вы не слышите, что делается на свете.

— Стой, стой! — прервал кошевой, дотоле стоявший, потупив глаза в землю, как и все запорожцы, которые в важных делах никогда не отдавались первому порыву, но молчали и между тем в тишине совокупляли грозную силу негодования.

— Стой! и я скажу слово. А что ж вы — так бы и этак поколотил черт вашего батька! — что ж вы делали сами? Разве у вас сабель не было, что ли? Как же вы попустили такому беззаконию?

— Э, как попустили такому беззаконию! А попробовали бы вы, когда пятьдесят тысяч было одних ляхов! да и — нечего греха таить — были тоже собаки и между нашими, уж приняли их веру.

— А гетьман ваш, а полковники что делали?

— Наделали полковники таких дел, что не приведи бог и нам никому.

— Как?

— А так, что уж теперь гетьман, заваренный в медном быке, лежит в Варшаве, а полковничьи руки и головы развозят по ярмаркам напоказ всему народу. Вот что наделали полковники!

Всколебалась вся толпа. Сначала пронеслось по всему берегу молчание, подобное тому, как бывает перед свирепою бурею, а потом вдруг поднялись речи, и весь заговорил берег.

— Как! чтобы жиды держали на аренде христианские церкви! чтобы ксендзы запрягали в оглобли православных христиан! Как! чтобы попустить такие мучения на Русской земле от проклятых недоверков! чтобы вот так поступали с полковниками и гетьманом! Да не будет же сего, не будет!

Такие слова перелетали по всем концам. Зашумели запорожцы и почуяли свои силы. Тут уже не было волнений легкомысленного народа: волновались всё характеры тяжелые и крепкие, которые не скоро накалялись, но, накалившись, упорно и долго хранили в себе внутренний жар.

— Перевешать всю жидову! — раздалось из толпы. — Пусть же не шьют из поповских риз юбок своим жидовкам! Пусть же не ставят значков на святых пасхах! Перетопить их всех, поганцев, в Днепре!

Слова эти, произнесенные кем-то из толпы, пролетели молнией по всем головам, и толпа ринулась на предместье с желанием перерезать всех жидов.

Бедные сыны Израиля, растерявши все присутствие своего и без того мелкого духа, прятались в пустых горелочных бочках, в печках и даже заползывали под юбки своих жидовок; но козаки везде их находили.

— Ясновельможные паны! — кричал один, высокий и длинный, как палка, жид, высунувши из кучи своих товарищей жалкую свою рожу, исковерканную страхом. — Ясновельможные паны! Слово только дайте нам сказать, одно слово! Мы такое объявим вам, чего еще никогда не слышали, такое важное, что не можно сказать, какое важное!

— Ну, пусть скажут, — сказал Бульба, который всегда любил выслушать обвиняемого.

— Ясные паны! — произнес жид. — Таких панов еще никогда не видывано. Ей-богу, никогда! Таких добрых, хороших и храбрых не было еще на свете!.. — Голос его замирал и дрожал от страха. — Как можно, чтобы мы думали про запорожцев что-нибудь нехорошее! Те совсем не наши, те, что арендаторствуют на Украйне! Ей-богу, не наши! То совсем не жиды: то черт знает что. То такое, что только поплевать на него, да и бросить! Вот и они скажут то же. Не правда ли, Шлема, или ты, Шмуль?

— Ей-богу, правда! — отвечали из толпы Шлема и Шмуль в изодранных яломках, оба белые, как глина.

— Мы никогда еще, — продолжал длинный жид, — не снюхивались с неприятелями. А католиков мы и знать не хотим: пусть им черт приснится! Мы с запорожцами, как братья родные...

— Как? чтобы запорожцы были с вами братья? — произнес один из толпы. — Не дождетесь, проклятые жиды! В Днепр их, панове! Всех потопить, поганцев!

Эти слова были сигналом. Жидов расхватали по рукам и начали швырять в волны. Жалобный крик раздался со всех сторон, но суровые запорожцы только смеялись, видя, как жидовские ноги в башмаках и чулках болтались на воздухе. Бедный оратор, накликавший сам на свою шею беду, выскочил из кафтана, за который было его ухватили, в одном пегом и узком камзоле, схватил за ноги Бульбу и жалким голосом молил:

— Великий господин, ясновельможный пан! я знал и брата вашего, покойного Дороша! Был воин на украшение всему рыцарству. Я ему восемьсот цехинов дал, когда нужно было выкупиться из плена у турка.

— Ты знал брата? — спросил Тарас.

— Ей-богу, знал! Великодушный был пан.

— А как тебя зовут?

— Янкель.

— Хорошо, — сказал Тарас и потом, подумав, обратился к козакам и проговорил так: — Жида будет всегда время повесить, когда будет нужно, а на сегодня отдайте его мне. — Сказавши это, Тарас повел его к своему обозу, возле которого стояли козаки его. — Ну, полезай под телегу, лежи там и не пошевелись; а вы, братцы, не выпускайте жида.

Сказавши это, он отправился на площадь, потому что давно уже собиралась туда вся толпа. Все бросили вмиг берег и снарядку челнов, ибо предстоял теперь сухопутный, а не морской поход, и не суда да козацкие чайки[20] — понадобились телеги и кони. Теперь уже все хотели в поход, и старые и молодые; все, с совета всех старшин, куренных, кошевого и с

---

[20] длинные узкие речные суда запорожцев.

воли всего запорожского войска, положили идти прямо на Польшу, отмстить за все зло и посрамленье веры и козацкой славы, набрать добычи с городов, зажечь пожар по деревням и хлебам, пустить далеко по степи о себе славу. Все тут же опоясывалось и вооружалось. Кошевой вырос на целый аршин. Это уже не был тот робкий исполнитель ветреных желаний вольного народа; это был неограниченный повелитель. Это был деспот, умевший только повелевать. Все своевольные и гульливые рыцари стройно стояли в рядах, почтительно опустив головы, не смея поднять глаз, когда кошевой раздавал повеления; раздавал он их тихо, не вскрикивая, не торопясь, но с расстановкою, как старый, глубоко опытный в деле козак, приводивший не в первый раз в исполненье разумно задуманные предприятия.

— Осмотритесь, все осмотритесь, хорошенько! — так говорил он. — Исправьте возы и мазницы,[21] испробуйте оружье. Не забирайте много с собой одежды: по сорочке и по двое шаровар на козака да по горшку саламаты и толченого проса — больше чтоб и не было ни у кого! Про запас будет в возах все, что нужно. По паре коней чтоб было у каждого козака. Да пар двести взять волов, потому что на переправах и топких местах нужны будут волы. Да порядку держитесь, панове, больше всего. Я знаю, есть между вас такие, что чуть бог пошлет какую корысть, — пошли тот же час драть китайку и дорогие оксамиты[22] себе на онучи. Бросьте такую чертову повадку, прочь кидайте всякие юбки, берите одно только оружье, коли попадется доброе, да червонцы или серебро, потому что они емкого свойства и пригодятся во всяком случае. Да вот вам, панове, вперед говорю: если кто в походе напьется, то никакого нет на него суда. Как собаку, за шеяку повелю его присмыкнуть до обозу, кто бы он ни был, хоть бы наидоблестнейший козак изо всего войска. Как собака, будет он застрелен на месте и кинут безо всякого погребенья на поклев птицам, потому что пьяница в походе недостоин

---

[21] ведра для дегтя.

[22] Бархат.

христианского погребенья. Молодые, слушайте во всем старых! Если цапнет пуля или царапнет саблей по голове или по чему-нибудь иному, не давайте большого уваженья такому делу. Размешайте заряд пороху в чарке сивухи, духом выпейте, и все пройдет — не будет и лихорадки; а на рану, если она не слишком велика, приложите просто земли, замесивши ее прежде слюною на ладони, то и присохнет рана. Нуте же, за дело, за дело, хлопцы, да не торопясь, хорошенько принимайтесь за дело!

Так говорил кошевой, и, как только окончил он речь свою, все козаки принялись тот же час за дело. Вся Сечь отрезвилась, и нигде нельзя было сыскать ни одного пьяного, как будто бы их не было никогда между козаками... Те исправляли ободья колес и переменяли оси в телегах; те сносили на возы мешки с провиантом, на другие валили оружие; те пригоняли коней и волов. Со всех сторон раздавались топот коней, пробная стрельба из ружей, бряканье саблей, бычачье мычанье, скрып поворачиваемся возов, говор и яркий крик и понуканье — и скоро далеко-далеко вытянулся козачий табор по всему полю. И много досталось бы бежать тому, кто бы захотел пробежать от головы до хвоста его. В деревянной небольшой церкви служил священник молебен, окропил всех святою водою; все целовали крест. Когда тронулся табор и потянулся из Сечи, все запорожцы обратили головы назад.

— Прощай, наша мать! -. сказали они почти в одно слово, — пусть же тебя хранит бог от всякого несчастья!

Проезжая предместье, Тарас Бульба увидел, что жидок его, Янкель, уже разбил какую-то ятку с навесом и продавал кремли, завертки, порох и всякие войсковые снадобья, нужные на дорогу, даже калачи и хлебы. "Каков чертов жид!" — подумал про себя Тарас и, подъехав к нему на коне, сказал:

— Дурень, что ты здесь сидишь? Разве хочешь, чтобы тебя застрелили, как воробья?

Янкель в ответ на это подошел к нему поближе и, сделав знак обеими руками, как будто хотел объявить что-то таинственное, сказал:

— Пусть пан только молчит и никому не говорит: между

козацкими возами есть один мой воз; я везу всякий нужный запас для козаков и по дороге буду доставлять всякий провиант по такой дешевой цене, по какой еще ни один жид не продавал. Ей-богу, так; ей-богу, так.

Пожал плечами Тарас Бульба, подивившись бойкой жидовской натуре, и отъехал к табору.

# V

Скоро весь польский юго-запад сделался добычею страха. Всюду пронеслись слухи: "Запорожцы!.. показались запорожцы!.." Все, что могло спасаться, спасалось. Все подымалось и разбегалось, по обычаю этого нестройного, беспечного века, когда не воздвигали ни крепостей, ни замков, а как попало становил на время соломенное жилище свое человек. Он думал: "Не тратить же на избу работу и деньги, когда и без того будет она снесена татарским набегом!" Все всполошилось: кто менял волов и плуг на коня и ружье и отправлялся в полки; кто прятался, угоняя скот и унося, что только можно было унесть. Попадались иногда по дороге и такие, которые вооруженною рукою встречали гостей, но больше было таких, которые бежали заранее. Все знали, что трудно иметь дело с буйной и бранной толпой, известной под именем запорожского войска, которое в наружном своевольном неустройстве своем заключало устройство обдуманное для времени битвы. Конные ехали, не отягчая и не горяча коней, пешие шли трезво за возами, и весь табор подвигался только по ночам, отдыхая днем и выбирая для того пустыри, незаселенные места и леса, которых было тогда еще вдоволь. Засылаемы были вперед лазутчики и рассыльные узнавать и выведывать, где, что и как. И часто в тех местах, где менее всего могли ожидать их, они появлялись вдруг — и все тогда прощалось с жизнью. Пожары охватывали деревни; скот и лошади, которые не угонялись за войском, были избиваемы тут же на месте. Казалось, больше пировали они, чем совершали поход свой. Дыбом стал бы ныне волос от тех страшных знаков свирепства полудикого века, которые пронесли везде запорожцы. Избитые младенцы, обрезанные груди у женщин, содранная кожа с ног по колена у выпущенных на свободу, — словом, крупною монетою отплачивали козаки прежние долги. Прелат одного монастыря, услышав о приближении их, прислал от себя двух монахов, чтобы сказать, что они не так ведут себя, как следует; что между запорожцами и правительством стоит согласие; что они нарушают свою обязанность к королю, а с тем вместе и всякое народное право.

— Скажи епископу от меня и от всех запорожцев, — сказал кошевой, — чтобы он ничего не боялся. Это козаки еще только зажигают и раскуривают свои трубки.

И скоро величественное аббатство обхватилось сокрушительным пламенем, и колоссальные готические окна его сурово глядели сквозь разделявшиеся волны огня. Бегущие толпы монахов, жидов, женщин вдруг омноголюдили те города, где какая-нибудь была надежда на гарнизон и городовое рушение.[23] Высылаемая временами правительством запоздалая помощь, состоявшая из небольших полков, или не могла найти их, или же робела, обращала тыл при первой встрече н улетала на лихих конях своих. Случалось, что многие военачальники королевские, торжествовавшие дотоле в прежних битвах, решались, соединя свои силы, стать грудью против запорожцев. И тут-то более всего пробовали себя наши молодые козаки, чуждавшиеся грабительства, корысти и бессильного неприятеля, горевшие желанием показать себя перед старыми, помериться один на один с бойким и хвастливым ляхом, красовавшимся на горделивом коне, с летавшими по ветру откидными рукавами епанчи. Потешна была наука. Много уже они добыли себе конной сбруи, дорогих сабель и ружей. В один месяц возмужали и совершенно переродились только что оперившиеся птенцы и стали мужами. Черты лица их, в которых доселе видна была какая-то юношеская мягкость, стали теперь грозны и сильны. А старому

---

[23] городское ополчение.

Тарасу любо было видеть, как оба сына его были одни из первых. Остапу, казалось, был на роду написан битвенный путь и трудное знанье вершить ратные дела. Ни разу не растерявшись и не смутившись ни от какого случая, с хладнокровием, почти неестественным для двадцатидвухлетнего, он в один миг мог вымерять всю опасность и все положение дела, тут же мог найти средство, как уклониться от нее, но уклониться с тем, чтобы потом верней преодолеть ее. Уже испытанной уверенностью стали теперь означаться его движения, и в них не могли не быть заметны наклонности будущего вождя. Крепостью дышало его тело, и рыцарские его качества уже приобрели широкую силу льва.

— О! да этот будет со временем добрый полковник! — говорил старый Тарас. — Ей-ей, будет добрый полковник, да еще такой, что и батька за пояс заткнет!

Андрий весь погрузился в очаровательную музыку пуль и мечей. Он не знал, что такое значит обдумывать, или рассчитывать, или измерять заранее свои и чужие силы. Бешеную негу и упоенье он видел в битве: что-то пиршественное зрелось ему в те минуты, когда разгонится у человека голова, в глазах все мелькает несется, — летят головы, с громом падают на землю кони, а он несется, как пьяный, в свисте пуль в сабельном блеске, и наносит всем удары, и не слышит нанесенных. Не раз дивился отец также и Андрию, видя, как он, понуждаемый одним только запальчивым увлечением, устремлялся на то, на что бы никогда не отважился хладнокровный и разумный, и одним бешеным натиском своим производил такие чудеса, которым не могли не изумиться старые в боях. Дивился старый Тарас и говорил:

— И это добрый — враг бы не взял его! — вояка! не Остап, а добрый, добрый также вояка!

Войско решилось идти прямо на город Дубно, где, носились слухи, было много казны и богатых обывателей. В полтора дня поход был сделан, и запорожцы показались перед городом. Жители решились защищаться до последних сил и крайности и лучше хотели умереть на площадях и улицах перед своими порогами, чем пустить неприятеля в домы.

Высокий земляной вал окружал город; где вал был ниже, там высовывалась каменная стена или дом, служивший батареей, или, наконец, дубовый частокол. Гарнизон был силен и чувствовал важность своего дела. Запорожцы жарко было полезли на вал, но были встречены сильною картечью. Мещане и городские обыватели, как видно, тоже не хотели быть праздными и стояли кучею на городском валу. В глазах их можно было читать отчаянное сопротивление; женщины тоже решились участвовать, — и на головы запорожцам полетели камни, бочки, горшки, горячий вар и, наконец, мешки песку, слепившего им очи. Запорожцы не любили иметь дело с крепостями, вести осады была не их часть. Кошевой повелел отступить и сказал:

— Ничего, паны-братья, мы отступим. Но будь я поганый татарин, а не христианин, если мы выпустим их хоть одного из города! Пусть их все передохнут, собаки, с голоду!

Войско, отступив, облегло весь город и от нечего делать занялось опустошеньем окрестностей, выжигая окружные деревни, скирды неубранного хлеба и напуская табуны коней на нивы, еще не тронутые серпом, где, как нарочно, колебались тучные колосья, плод необыкновенного урожая, наградившего в ту пору щедро всех земледельцев. С ужасом видели с города, как истреблялись средства их существования. А между тем запорожцы, протянув вокруг всего города в два ряда свои телеги, расположились так же, как и на Сечи, куренями, курили свои люльки, менялись добытым оружием, играли в чехарду, в чет и нечет и посматривали с убийственным хладнокровием на город. Ночью зажигались костры. Кашевары варили в каждом курене кашу в огромных медных казанах. У горевших всю ночь огней стояла бессонная стража. Но скоро запорожцы начали понемногу скучать бездействием и продолжительною трезвостью, не сопряженною ни с каким делом. Кошевой велел удвоить даже порцию вина, что иногда водилось в войске, если не было трудных подвигов и движений. Молодым, и особенно сынам Тараса Бульбы, не нравилась такая жизнь. Андрий заметно скучал.

— Неразумная голова, — говорил ему Тарас. — Терпи,

козак, — атаман будешь! Не тот еще добрый воин, кто не потерял духа в важном деле, а тот добрый воин, кто и на безделье не соскучит, кто все вытерпит, и хоть ты ему что хочь, а он все-таки поставит на своем.

Но не сойтись пылкому юноше с старцем. Другая натура у обоих, и другими очами глядят они на то же дело.

А между тем подоспел Тарасов полк, приведенный Товкачем; с ним было еще два есаула, писарь и другие полковые чины; всех козаков набралось больше четырех тысяч. Было между ними немало и охочекомонных, которые сами поднялись, своею волею, без всякого призыва, как только услышали, в чем дело. Есаулы привезли сыновьям Тараса благословенье от старухи матери и каждому по кипарисному образу из Межигорского киевского монастыря. Надели на себя святые образа оба брата и невольна задумались, припомнив старую мать. Что-то пророчит им и говорит это благословенье? Благословенье ли на победу над врагом и потом веселый возврат на отчизну с добычей и славой, на вечные песни бандуристам, или же?.. Но неизвестно будущее, и стоит оно пред человеком подобно осеннему туману, поднявшемуся из болот. Безумно летают в нем вверх и вниз, черкая крыльями, птицы, не распознавая в очи друг друга, голубка — не видя ястреба, ястреб — не видя голубки, и никто не знает, как далеко летает он от своей погибели...

Остап уже занялся своим делом и давно отошел к куреням. Андрий же, сом не зная отчего, чувствовал какую-то духоту на сердце. Уже козаки окончили свою вечерю, вечер давно потухнул; июльская чудная ночь обняла воздух; но он не отходил к куреням, не ложился спать и глядел невольно на всю бывшую пред ним картину. На небе бесчисленно мелькали тонким и острым блеском звезды. Поле далеко было занято раскиданными по нем возами с висячими мазницами, облитыми дегтем, со всяким добром и провиантом, набранным у врага. Возле телег, под телегами и подале от телег — везде были видны разметавшиеся на траве запорожцы. Все они спади в картинных положениях: кто подмостив себе под голову куль, кто шапку, кто употребивши просто бок своего товарища.

Сабля, ружье-самопал, короткочубучная трубка с медными бляхами, железными провертками и огнивом были неотлучно при каждом козаке. Тяжелые волы лежали, подвернувши под себя ноги, большими беловатыми массами и казались издали серыми камнями, раскиданными по отлогостям поля. Со всех сторон из травы уже стал подыматься густой храп спящего воинства, на который отзывались с поля звонкими ржаньями жеребцы, негодующие на свои спутанные ноги. А между тем что-то величественное и грозное примешалось к красоте июльской ночи. Это были зарева вдали догоравших окрестностей. В одном месте пламя спокойно и величественно сталось по небу; в другом, встретив что-то горючее и вдруг вырвавшись вихрем, оно свистело и летело вверх, под самые звезды, и оторванные охлопья его гаснули под самыми дальними небесами. Там обгорелый черный монастырь, как суровый картезианский монах, стоял грозно, выказывая при каждом отблеске мрачное свое величие. Там горел монастырский сад. Казалось, слышно было, как деревья шипели, обвиваясь дымом, и когда выскакивал огонь, он вдруг освещал фосфорическим, лилово-огненным светом спелые гроздия слив или обращал в червонное золото там и там желтевшие груши, и тут же среди их чернело висевшее на стене здания или на древесном суку тело бедного жида или монаха, погибавшее вместе с строением в огне. Над огнем вились вдали птицы, казавшиеся кучею темных мелких крестиков на огненном поле. Обложенный город, казалось, уснул. Шпицы, и кровли, и частокол, и стены его тихо вспыхивали отблесками отдаленных пожарищ. Андрий обошел козацкие ряды. Костры, у которых сидели сторожа, готовились ежеминутно погаснуть, и самые сторожа спали, перекусивши саламаты и галушек во весь козацкий аппетит. Он подивился немного такой беспечности, подумавши: "Хорошо, что нет близко никакого сильного неприятеля и некого опасаться". Наконец и сам подошел он к одному из возов, взлез на него и лег на спину, подложивши себе под голову сложенные назад руки; но не мог заснуть и долго глядел на небо. Оно все было открыто пред ним; чисто и прозрачно было в воздухе. Гущина звезд, составлявшая Млечный Путь, поясом переходившая по небу, вся была залита светом. Временами Андрий как будто позабывался, и какой-то легкий туман дремоты заслонял на миг пред ним небо, и потом оно опять очищалось и вновь становилось видно.

В это время, показалось ему, мелькнул пред ним какой-то странный образ человеческого лица. Думая, что это было простое обаяние сна, которое сейчас же рассеется, он открыл больше глаза свои и увидел, что к нему точно наклонилось какое-то изможденное, высохшее лицо и смотрело прямо ему в очи. Длинные и черные, как уголь, волосы, неприбранные, растрепанные, лезли из-под темного, наброшенного на голову покрывала. И странный блеск взгляда, и мертвенная смуглота лица, выступавшего резкими чертами, заставили бы скорее подумать, что это был призрак. Он схватился невольно рукой за пищаль и произнес почти судорожно:

— Кто ты? Коли дух нечистый, сгинь с глаз; коли живой человек, не в пору завел шутку, — убью с одного прицела!

В ответ на это привидение приставало палец к губам и, казалось, молило о молчании. Он опустил руку и стал взглядываться в него внимательней. По длинным волосам, шее и полуобнаженной смуглой груди распознал он женщину. Но она была не здешняя уроженка. Все лицо было смугло, изнурено недугом; широкие скулы выступали сильно над опавшими под ними щеками; узкие очи подымались дугообразным разрезом кверху, и чем более он всматривался в черты ее, тем более находил в них что-то знакомое. Наконец он не вытерпел и спросил:

— Скажи, кто ты? Мне кажется, как будто я знал тебя или видел где-нибудь?

— Два года назад тому в Киеве.

— Два года назад... в Киеве... — повторил Андрий, стараясь перебрать все, что уцелело в его памяти от прежней бурсацкой жизни. Он посмотрел еще раз на нее пристально и вдруг вскрикнул во весь голос:

— Ты — татарка! служанка панночки, воеводиной дочки!..

— Чшш! — произнесла татарка, сложив с умоляющим

видом руки, дрожа всем телом и оборотя в то же время голову назад, чтобы видеть, не проснулся ли кто-нибудь от такого сильного вскрика, произведенного Андрием.

— Скажи, скажи, отчего, как ты здесь? — говорил Андрий, почти задыхаясь, шепотом, прерывавшимся всякую минуту от внутреннего волнения. — Где панночка? жива ли еще она?

— Она тут, в городе.

— В городе? — произнес он, едва опять не вскрикнувши, и почувствовал, что вся кровь вдруг прихлынула к сердцу. — Отчего ж она в городе?

— Оттого, что сам старый пан в городе. Он уже полтора года как сидит воеводой в Дубне.

— Что ж, она замужем? Да говори же, какая ты странная! что она теперь?..

— Она другой день ничего не ела.

— Как?..

— Ни у кого из городских жителей нет уже давно куска хлеба, все давно едят одну землю.

Андрий остолбенел.

— Панночка видала тебя с городского валу вместе с запорожцами. Она сказала мне: "Ступай скажи рыцарю: если он помнит меня, чтобы пришел ко мне; а не помнит — чтобы дал тебе кусок хлеба для старухи, моей матери, потому что я не хочу видеть, как при мне умрет мать. Пусть лучше я прежде, а она после меня. Проси и хватай его за колени и ноги. У него также есть старая мать, — чтоб ради ее дал хлеба!"

Много всяких чувств пробудилось и вспыхнуло в молодой груди козака.

— Но как же ты здесь? Как ты пришла?

— Подземным ходом.

— Разве есть подземный ход?

— Есть.

— Где?

— Ты не выдашь, рыцарь?

— Клянусь крестом святым!

— Спустясь в яр и перейдя проток, там, где тростник.

— И выходит в самый город?

47

— Прямо к городскому монастырю.

— Идем, идем сейчас!

— Но, ради Христа и святой Марии, кусок хлеба!

— Хорошо, будет. Стой здесь, возле воза, или, лучше, ложись на него: тебя никто не увидит, все спят; я сейчас ворочусь.

И он отошел к возам, где хранились запасы, принадлежавшие их куреню. Сердце его билось. Все минувшее, все, что было заглушено нынешними козацкими биваками, суровой бранною жизнью, — все всплыло разом на поверхность, потопивши, в свою очередь, настоящее. Опять вынырнула перед ним, как из темной морской пучины, гордая женщина. Вновь сверкнули в его памяти прекрасные руки, очи, смеющиеся уста, густые темно-ореховые волосы, курчаво распавшиеся по грудям, и все упругие, в согласном сочетанье созданные члены девического стана. Нет, они не погасли, не исчезли в груди его, они посторонились только, чтобы дать на время простор другим могучим движеньям; но часто, часто смущался ими глубокий сон молодого козака, и часто, проснувшись, лежал он без сна на одре, не умея истолковать тому причины.

Он шел, а биение сердца становилось сильнее, сильнее при одной мысли, что увидит ее опять, и дрожали молодые колени. Пришедши к возам, он совершенно позабыл, зачем пришел: поднес руку ко лбу и долго тер его, стараясь припомнить, что ему нужно делать. Наконец вздрогнул, весь исполнился испуга: ему вдруг пришло на мысль, что она умирает от голода. Он бросился к возу и схватил несколько больших черных хлебов себе под руку, но подумал тут же, не будет ли эта пища, годная для дюжего, неприхотливого запорожца, груба и неприлична ее нежному сложению. Тут вспомнил он, что вчера кошевой попрекал кашеваров за то, что сварили за один раз всю гречневую муку на саламату, тогда как бы ее стало на добрых три раза. В полной уверенности, что он найдет вдоволь саламаты в казанах, он вытащил отцовский походный казанок и с ним отправился к кашевару их куреня, спавшему у двух десятиведерных кабанов, под которыми еще теплилась зола. Заглянувши в них, он изумился, видя, что оба пусты. Нужно было нечеловеческих сил, чтобы все это съесть, тем более что в их курене считалось меньше людей, чем в других. Он заглянул в казаны других куреней — нигде ничего. Поневоле пришла ему в голову поговорка: "Запорожцы как дети:- коли мало — съедят, коли много — тоже ничего не оставят". Что делать? Был, однако же, где-то, кажется, на возу отцовского полка, мешок с белым хлебом, который нашли, ограбивши монастырскую пекарню. Он прямо подошел к отцовскому возу, но на возу уже его не было: Остап взял его себе под головы и, растянувшись возле на земле, храпел на все поле. Андрий схватил мешок одной рукой и дернул его вдруг так, что голова Остапа увала на землю, а он сам вскочил впросонках и, сидя с закрытыми глазами, закричал что было мочи: "Держите, держите чертова ляха! да ловите коня, коня ловите!" — "Замолчи, я тебя убью!" — закричал в испуге Андрий, замахнувшись на него мешком. Но Остап и без того уже не продолжал речи, присмирел и пустил такой храп, что от дыхания шевелилась трава, на которой он лежал. Андрий робко оглянулся на все стороны, чтобы узнать, не пробудил ли кого-нибудь из козаков сонный бред Остапа. Одна чубатая голова, точно, приподнялась в ближнем курене и, поведя очами, скоро опустилась опять на землю. Переждав минуты две, он наконец отправился с своею ношею. Татарка лежала, едва дыша.

— Вставай, идем! Все спят, не бойся! Подымешь ли ты хоть один из этих хлебов, если мне будет несподручно захватить все?

Сказав это, он взвалил себе на спину мешки, стащил, проходя мимо одного воза, еще один мешок с просом, взял даже в руки те хлеба, которые хотел было отдать нести татарке, и, несколько понагнувшись под тяжестью, шел отважно между рядами спавших запорожцев.

— Андрий! — сказал старый Бульба в то время, когда он проходил мимо его.

Сердце его замерло. Он остановился и, весь дрожа, тихо произнес:

— А что?

— С тобою баба! Ей, отдеру тебя, вставши, на все бока! Не доведут тебя бабы к добру! — Сказавши это, он оперся головою на локоть и стал пристально рассматривать закутанную в покрывало татарку.

Андрий стоял ни жив ни мертв, не имея духа взглянуть в лицо отцу. И потом, когда поднял глаза и посмотрел на него, увидел, что уже старый Бульба спал, положив голову на ладонь.

Он перекрестился. Вдруг отхлынул от сердца испуг еще скорее, чем прихлынул. Когда же поворотился он, чтобы взглянуть на татарку, она стояла пред ним, подобно темной гранитной статуе, вся закутанная в покрывало, и отблеск отдаленного зарева, вспыхнув, озарил только одни ее очи, помутившиеся, как у мертвеца. Он дернул за рукав ее, и оба пошли вместе, беспрестанно оглядываясь назад, и наконец опустились отлогостью в низменную лощину — почти яр, называемый в некоторых местах балками, — по дну которой лениво пресмыкался проток, поросший осокой и усеянный кочками. Опустясь в сию лощину, они скрылись совершенно из виду всего поля, занятого запорожским табором. По крайней мере, когда Андрий оглянулся, то увидел, что позади его крутою стеной, более чем в рост человека, вознеслась покатость. На вершине ее покачивалось несколько стебельков полевого былья, и над ними поднималась в небе луна в виде косвенно обращенного серпа из яркого червонного золота. Сорвавшийся со степи ветерок давал знать, что уже немного оставалось времени до рассвета. Но нигде не слышно было отдаленного петушьего крика: ни в городе, ни в разоренных окрестностях не оставалось давно ни одного петуха. По небольшому бревну перебрались они через проток, за которым возносился противоположный берег, казавшийся выше бывшего у них назади и выступавший совершенным обрывом. Казалось, в этом месте был крепкий и надежный сам собою пункт городской крепости; по крайней мере, земляной вал был тут ниже и не выглядывал из-за него гарнизон. Но зато подальше подымалась толстая монастырская стена. Обрывистый берег весь оброс бурьяном, и по небольшой лощине между им и протоком рос высокий тростник; почти в вышину человека. На вершине обрыва видны были остатки плетня, отличавшие когда-то бывший огород. Перед ним — широкие листы лопуха; из-за него торчала лебеда, дикий колючий бодяк и подсолнечник, подымавший выше всех их свою голову. Здесь татарка скинула с себя черевики и пошла босиком, подобрав осторожно свое платье, потому что место было топко и наполнено водою. Пробираясь меж тростником, остановились они перед наваленным хворостом и фашинником. Отклонив хворост, нашли они род земляного свода — отверстие, мало чем большее отверстия, бывающего в хлебной печи. Татарка, наклонив голову, вошла первая; вслед за нею Андрий, нагнувшись сколько можно ниже, чтобы можно было пробраться с своими мешками, и скоро очутились оба в совершенной темноте.

# VI

Андрий едва двигался в темном и узком земляном коридоре, следуя за татаркой и таща на себе мешки хлеба.

— Скоро нам будет видно, — сказала проводница, — мы подходим к месту, где поставила я светильник.

И точно, темные земляные стены начали понемногу озаряться. Они достигли небольшой площадки, где, казалось, была часовня; по крайней мере, к стене был приставлен узенький столик в виде алтарного престола, и над ним виден был почти совершенно изгладившийся, полинявший образ католической мадонны. Небольшая серебряная лампадка, перед ним висевшая, чуть-чуть озаряла его. Татарка наклонилась и подняла с земли оставленный медный светильник на тонкой высокой ножке, с висевшими вокруг ее на цепочках щипцами, шпилькой для поправления огня и гасильником. Взявши его, она зажгла его огнем от лампады. Свет усилился, и они, идя вместе, то освещаясь сильно огнем, то набрасываясь темною, как уголь, тенью, напоминали собою картины Жерардо della notte.[24] Свежее, кипящее здоровьем и юностью, прекрасное лицо рыцаря представляло сильную противоположность с изнуренным и бледным лицом его спутницы. Проход стал несколько шире, так что Андрию можно было пораспрямиться. Он с любопытством рассматривал сии земляные стены, напомнившие ему киевские пещеры. Так же как и в пещерах киевских, тут видны были углубления в стенах и стояли кое-где гробы; местами даже попадались просто человеческие кости, от сырости сделавшиеся мягкими и рассыпавшиеся в муку. Видно, и здесь также были святые люди и укрывались также от мирских бурь, горя и обольщений. Сырость местами была очень сильна: под ногами их иногда была совершенная вода. Андрий должен был часто останавливаться, чтобы дать отдохнуть своей спутнице, которой усталость возобновлялась беспрестанно. Небольшой кусок хлеба, проглоченный ею, произвел только боль в желудке, отвыкшем от пищи, и она оставалась часто без движения по нескольку минут на одном месте.

Наконец перед ними показалась маленькая железная дверь. "Ну, слава богу, мы пришли", — сказала слабым голосом татарка, приподняла руку, чтобы постучать, — и не имела сил. Андрий ударил вместо нее сильно в дверь; раздался гул, показавший, что за дверью был большой простор. Гул этот изменялся, встретив, как казалось, высокие своды. Через минуты две загремели ключи, и кто-то, казалось, сходил по лестнице. Наконец дверь отперлась; их встретил монах, стоявший на узенькой лестнице, с ключами и свечой в руках. Андрий невольно остановился при виде католического монаха, возбуждавшего такое ненавистное презрение в козаках, поступавших с ними бесчеловечней, чем с жидами. Монах тоже несколько отступил назад, увидев запорожского казака, но слово, невнятно произнесенное татаркою, его успокоило. Он

---

[24] ночной, прозвище, данной итальянцами голландскому художнику Герриту (ван Герарду) Гонтгорсту (1590-1656), картины которого отличаются резким контрастом света и тени.

посветил им, запер за ними дверь, ввел их по лестнице вверх, и они очутились под высокими темными сводами монастырской церкви. У одного из алтарей, уставленного высокими подсвечниками и свечами, стоял на коленях священник и тихо молился. Около него с обеих сторон стояли также на коленях два молодые клирошанина[25] в лиловых мантиях с белыми кружевными шемизетками сверх их и с кадилами в руках. Он молился о ниспослании чуда: о спасении города, о подкреплении падающего духа, о ниспослании терпения, об удалении искусителя, нашептывающего ропот и малодушный, робкий плач на земные несчастия. Несколько женщин, похожих на привидения, стояли на коленях, опершись и совершенно положив изнеможенные головы на спинки стоявших перед ними стульев и темных деревянных лавок; несколько мужчин, прислонясь у колонн и пилястр, на которых возлегали боковые своды, печально стояли тоже на коленях. Окно с цветными стеклами, бывшее над алтарем, озарилось розовым румянцем утра, и упали от него на пол голубые, желтые и других цветов кружки света, осветившие внезапно темную церковь. Весь алтарь в своем далеком углублении показался вдруг в сиянии; кадильный дым остановился в воздухе радужно освещенным облаком. Андрий не без изумления глядел из своего темного угла на чудо, произведенное светом. В это время величественный рев органа наполнил вдруг всю церковь. Он становился гуще и гуще, разрастался, перешел в тяжелые рокоты грома и потом вдруг, обратившись в небесную музыку, донесся высоко под сводами своими поющими звуками, напоминавшими тонкие девичьи голоса, и потом опять обратился он в густой рев и гром и затих. И долго еще громовые рокоты носились, дрожа, под сводами, и дивился Андрий с полуоткрытым ртом величественной музыке.

В это время, почувствовал он, кто-то дернул его за полу кафтана. "Пора!" — сказала татарка. Они перешли через церковь, не замеченные никем, и вышли потом на площадь, бывшую перед нею. Заря уже давно румянилась на небе: все

---

[25] церковнослужитель, поющий на клиросе, в церковном хоре.

возвещало восхождение солнца. Площадь, имевшая квадратную фигуру, была совершенно пуста; посредине ее оставались еще деревянные столики, показывавшие, что здесь был еще неделю, может быть, только назад рынок съестных припасов. Улица, которых тогда не мостили, была просто засохшая груда грязи. Площадь обступали кругом небольшие каменные и глиняные, в один этаж, домы с видными в стенах деревянными сваями и столбами во всю их высоту, косвенно перекрещенные деревянными же брусьями, как вообще строили домы тогдашние обыватели, что можно видеть и поныне еще в некоторых местах Литвы и Польши. Все они были покрыты непомерно высокими крышами со множеством слуховых окон и отдушин. На одной стороне, почти близ церкви, выше других возносилось совершенно отличное от прочих здание, вероятно, городовой магистрат или какое-нибудь правительственное место. Оно было в два этажа, и над ним вверху надстроен был в две арки бельведер, где стоял часовой; большой часовой циферблат вделан был в крышу. Площадь казалась мертвою, но Андрию почудилось какое-то слабое стенание. Рассматривая, он заметил на другой стороне ее группу из двух-трех человек, лежавших почти без всякого движения на земле. Он вперил глаза внимательней, чтобы рассмотреть, заснувшие ли это были или умершие, и в это время наткнулся на что-то лежавшее у ног его. Это было мертвое тело женщины, по-видимому, жидовки. Казалось, она была еще молода, хотя в искаженных, изможденных чертах ее нельзя было того видеть. На голове ее был красный шелковый платок; жемчуги или бусы в два ряда украшали ее наушники; две-три длинные, все в завитках, кудри выпадали из-под них на ее высохшую шею с натянувшимися жилами. Возле нее лежал ребенок, судорожно схвативший рукою за тощую грудь ее и скрутивший ее своими пальцами от невольной злости, не нашед в ней молока; он уже не плакал и не кричал, и только по тихо опускавшемуся и подымавшемуся животу его можно было думать, что он еще не умер или, по крайней мере, еще только готовился испустить последнее дыханье. Они поворотили в улицы и были остановлены вдруг каким-то беснующимся, который, увидев у Андрия драгоценную ношу, кинулся на него, как тигр, вцепился в него, крича: "Хлеба!" Но сил не было у него, равных бешенству; Андрий оттолкул его: он полетел на землю. Движимый состраданием, он швырнул ему один хлеб, на который тот бросился, подобно бешеной собаке, изгрыз, искусал его и тут же, на улице, в страшных судорогах испустил дух от долгой отвычки принимать пищу. Почти на каждом шагу поражали их страшные жертвы голода. Казалось, как будто, не вынося мучений в домах, многие нарочно выбежали на улицу: не ниспошлется ли в воздухе чего-нибудь, питающего силы. У ворот одного дома сидела старуха, и нельзя сказать, заснула ли она, умерла или просто позабылась: по крайней мере, она уже не слыхала и не видела ничего и, опустив голову на грудь, сидела недвижимо на одном и том же месте. С крыши другого дома висело вниз на веревочной петле вытянувшееся, иссохшее тело. Бедняк не мог вынести до конца страданий голода и захотел лучше произвольным самоубийством ускорить конец свой.

При виде сих поражающих свидетельств голода Андрий не вытерпел не спросить татарку:

— Неужели они, однако ж, совсем не нашли, чем пробавить[26] жизнь? Если человеку приходит последняя крайность, тогда, делать нечего, он должен питаться тем, чем дотоле брезговал; он может питаться теми тварями, которые запрещены законом, все может тогда пойти в снедь.

— Все переели, — сказала татарка, — всю скотину. Ни коня, ни собаки, ни даже мыши не найдешь во всем городе. У нас в городе никогда не водилось никаких запасов, все привозилось из деревень.

— Но как же вы, умирая такою лютою смертью, все еще думаете оборонить город?

— Да, может быть, воевода и сдал бы, но вчера утром полковник, который в Буджаках, пустил в город ястреба с запиской, чтобы не отдавали города; что он идет на выручку с полком, да ожидает только другого полковника, чтоб идти

---

[26] поддержать.

обоим вместе. И теперь всякую минуту ждут их... Но вот мы пришли к дому.

Андрий уже издали видел дом, непохожий на другие и, как казалось, строенный каким-нибудь архитектором итальянским. Он был сложен из красивых тонких кирпичей в два этажа. Окна нижнего этажа были заключены в высоко выдавшиеся гранитные карнизы; верхний этаж состоял весь из небольших арок, образовавших галерею; между ними видны были решетки с гербами. На углах дома тоже были гербы. Наружная широкая лестница из крашеных кирпичей выходила на самую площадь. Внизу лестницы сидело по одному часовому, которые картинно и симметрически держались одной рукой за стоявшие около них алебарды, а другою подпирали наклоненные свои головы, и, казалось, таким образом, более походили на изваяния, чем на живые существа. Они не спали и не дремали, но, казалось, были нечувствительны ко всему: они не обратили даже внимания на то, кто всходил по лестнице. На верху лестницы они нашли богато убранного, всего с ног до головы вооруженного воина, державшего в руке молитвенник. Он было возвел на них истомленные очи, но татарка сказала ему одно слово, и он опустил их вновь в открытые страницы своего молитвенника. Они вступили в первую комнату, довольно просторную, служившую приемною или просто переднею. Она была наполнена вся сидевшими в разных положениях у стен солдатами, слугами, псарями, виночерпиями и прочей дворней, необходимою для показания сана польского вельможи как военного, так и владельца собственных поместьев. Слышен был чад погаснувшей свечи. Две другие еще горели в двух огромных, почти в рост человека, подсвечниках, стоявших посередине, несмотря на то что уже давно в решетчатое широкое окно глядело утро. Андрий уже было хотел идти прямо в широкую дубовую дверь, украшенную гербом и множеством резных украшений, но татарка дернула его за рукав и указала маленькую дверь в боковой стене. Этою вышли они в коридор и потом в комнату, которую он начал внимательно рассматривать. Свет, проходивший сквозь щель ставня, тронул кое-что: малиновый занавес, позолоченный карниз и живопись на стене. Здесь татарка указала Андрию остаться, отворила дверь в другую комнату, из которой блеснул свет огня. Он услышал шепот и тихий голос, от которого все потряслось у него. Он видел сквозь растворившуюся дверь, как мелькнула быстро стройная женская фигура с длинною роскошною косою, упадавшею на поднятую кверху руку. Татарка возвратилась и сказала, чтобы он взошел. Он не помнил, как взошел и как затворилась за ним дверь. В комнате горели две свечи; лампада теплилась перед образом; под ним стоял высокий столик, по обычаю католическому, со ступеньками для преклонения коленей во время молитвы. Но не того искали глаза его. Он повернулся в другую сторону и увидел женщину, казалось, застывшую и окаменевшую в каком-то быстром движении. Казалось, как будто вся фигура ее хотела броситься к нему и вдруг остановилась. И он остался также изумленным пред нею. Не такою воображал он ее видеть: это была не она, не та, которую он знал прежде; ничего не было в ней похожего на ту, но вдвое прекраснее и чудеснее была она теперь, чем прежде. Тогда было в ней что-то неоконченное, недовершенное, теперь это было произведение, которому художник дал последний удар кисти. Та была прелестная, ветреная девушка; эта была красавица — женщина во всей развившейся красе своей. Полное чувство выражалось в ее поднятых глазах, не отрывки, не намеки на чувство, но все чувство. Еще слезы не успели в них высохнуть и облекли их блистающею влагою, проходившею душу. Грудь, шея и плечи заключились в те прекрасные границы, которые назначены вполне развившейся красоте; волосы, которые прежде разносились легкими кудрями по лицу ее, теперь обратились в густую роскошную косу, часть которой была подобрана, а часть разбросалась по всей длине руки и тонкими, длинными, прекрасно согнутыми волосами упадала на грудь. Казалось, все до одной изменились черты ее. Напрасно силился он в них отыскать хотя одну из тех, которые носились в его памяти, — ни одной! Как ни велика была ее бледность, но она не помрачила чудесной красы ее; напротив, казалось, как будто придала ей что-то стремительное, неотразимо победоносное. И ощутил Андрий в своей душе благоговейную боязнь и стал неподвижен перед нею. Она, казалось, также была поражена видом козака, представшего во всей красе и силе юношеского мужества, который, казалось, и в самой неподвижности своих членов уже обличал развязную вольность движений; ясною твердостью сверкал глаз его, смелою дугою выгнулась бархатная бровь, загорелые щеки блистали всею яркостью девственного огня, и как шелк, лоснился молодой черный ус.

— Нет, я не в силах ничем возблагодарить тебя, великодушный рыцарь, — сказала она, и весь колебался серебряный звук ее голоса. — Один бог может возблагодарить тебя; не мне, слабой женщине...

Она потупила свои очи; прекрасными снежными полукружьями надвинулись на них веки, окраенные длинными, как стрелы, ресницами. Наклонилося все чудесное лицо ее, и тонкий румянец оттенил его снизу. Ничего не умел сказать на это Андрий. Он хотел бы выговорить все, что ни есть на душе, — выговорить его так же горячо, как оно было на душе, — и не мог. Почувствовал он что-то заградившее ему уста: звук отнялся у слова; почувствовал он, что не ему, воспитанному в бурсе и в бранной кочевой жизни, отвечать на такие речи, и вознегодовал на свою козацкую натуру.

В это время вошла в комнату татарка. Она уже успела нарезать ломтями принесенный рыцарем хлеб, несла его на золотом блюде и поставила перед своею панною. Красавица взглянула на нее, на хлеб и возвела очи на Андрия — и много было в очах тех. Сей умиленный взор, выказавший изнеможенье и бессилье выразить обнявшие ее чувства, был более доступен Андрию, чем все речи. Его душе вдруг стало легко; казалось, все развязалось у него. Душевные движенья и чувства, которые дотоле как будто кто-то удерживал тяжкою уздою, теперь почувствовали себя освобожденными, на воле и уже хотели излиться в неукротимые потоки слов, как вдруг красавица, оборотясь к татарке, беспокойно спросила:

— А мать? Ты отнесла ей?

— Она спит.

— А отцу?

— Отнесла. Он сказал, что придет сам благодарить рыцаря.

Она взяла хлеб и поднесла его ко рту. С неизъяснимым наслаждением глядел Андрий, как она ломала его блистающими пальцами своими и ела; и вдруг вспомнил о бесновавшемся от голода, который испустил дух в глазах его, проглотивши кусок хлеба. Он побледнел и, схватив ее за руку, закричал:

— Довольно! не ешь больше! Ты так долго не ела, тебе хлеб будет теперь ядовит,

И она опустила тут же свою руку, положила хлеб на блюдо и, как покорный ребенок, смотрела ему в очи. И пусть бы выразило чье-нибудь слово... но не властны выразить ни резец, ни кисть, ни высоко-могучее слово того, что видится иной раз во взорах девы, ниже' того умиленного чувства, которым объемлется глядящий в такие взоры девы.

— Царица! — вскрикнул Андрий, полный и сердечных, и душевных, и всяких избытков. — Что тебе нужно? чего ты хочешь? прикажи мне! Задай мне службу самую невозможную, какая только есть на свете, — я побегу исполнять ее! Скажи мне сделать то, чего не в силах сделать ни один человек, — я сделаю, я погублю себя. Погублю, погублю! и погубить себя для тебя, клянусь святым крестом, мне так сладко... но не в силах сказать того! У меня три хутора, половина табунов отцовских — мои, все, что принесла отцу мать моя, что даже от него скрывает она, — все мое. Такого ни у кого нет теперь у козаков наших оружия, как у меня: за одну рукоять моей сабли дают мне лучший табун и три тысячи овец. И от всего этого откажусь, кину, брошу, сожгу, затоплю, если только ты вымолвишь одно слово или хотя только шевельнешь своею тонкою черною бровью! Но знаю, что, может быть, несу глупые речи, и некстати, и нейдет все это сюда, что не мне, проведшему жизнь в бурсе и на Запорожье, говорить так, как в обычае говорить там, где бывают короли, князья и все что ни есть лучшего в вельможном рыцарстве. Вижу, что ты иное творенье бога, нежели все мы, и далеки пред тобою все другие боярские жены и дочери-девы. Мы не годимся быть твоими рабами, только небесные ангелы могут служить тебе.

С возрастающим изумлением, вся превратившись в слух, не проронив ни одного слова, слушала дева открытую сердечную речь, в которой, как в зеркале, отражалась молодая, полная сил душа. И каждое простое слово сей речи, выговоренное голосом, летевшим прямо с сердечного дна, было облечено в силу. И выдалось вперед все прекрасное лицо ее, отбросила она далеко назад досадные волосы, открыла уста и долго глядела с открытыми устами. Потом хотела что-то сказать и вдруг остановилась и вспомнила, что другим назначеньем ведется рыцарь, что отец, братья и вся отчизна его стоят позади его суровыми мстителями, что страшны облегшие город запорожцы, что лютой смерти обречены все они с своим городом... И глаза ее вдруг наполнились слезами; быстро она схватила платок, шитый шелками, набросила себе на лицо его, и он в минуту стал весь влажен; и долго сидела, забросив назад свою прекрасную голову, сжав белоснежными зубами свою прекрасную нижнюю губу, — как бы внезапно почувствовав какое укушение ядовитого гада, — и не снимая с лица платка, чтобы он не видел ее сокрушительной грусти.

— Скажи мне одно слово! — сказал Андрий и взял ее за атласную руку. Сверкающий огонь пробежал по жилам его от сего прикосновенья, и жал он руку, лежавшую бесчувственно в руке его.

Но она молчала, не отнимала платка от лица своего и оставалась неподвижна.

— Отчего же ты так печальна? Скажи мне, отчего ты так печальна?

Бросила прочь она от себя платок, отдернула налезавшие на очи длинные волосы косы своей и вся разлилась в жалостных речах, выговаривая их тихим-тихим голосом, подобно когда ветер, поднявшись прекрасным вечером, пробежит вдруг по густой чаще приводного тростника: зашелестят, зазвучат и понесутся вдруг унывно-тонкие звуки, и ловит их с непонятной грустью остановившийся путник, не чуя ни погасающего вечера, ни несущихся веселых песен народа, бредущего от полевых работ и жнив, ни отдаленного тарахтанья где-то проезжающей телеги.

— Не достойна ли я вечных сожалений? Не несчастна ли мать, родившая меня на свет? Не горькая ли доля пришлась на часть мне? Не лютый ли ты палач мой, моя свирепая судьба? Всех ты привела к ногам моим: лучших дворян изо всего шляхетства, богатейших панов, графов и иноземных баронов и все, что ни есть цвет нашего рыцарства. Всем им было вольно любить меня, и за великое благо всякий из них почел бы любовь мою. Стоило мне только махнуть рукой, и любой из них, красивейший, прекраснейший лицом и породою, стал бы моим супругом. И ни к одному из них не причаровала ты моего сердца, свирепая судьба моя; а причаровала мое сердце, мимо лучших витязей земли нашей, к чуждому, к врагу нашему. За что же ты, пречистая божья матерь, за какие грехи, за какие тяжкие преступления так неумолимо и беспощадно гонишь меня? В изобилии и роскошном избытке всего текли дни мои; лучшие, дорогие блюда и сладкие вина были мне снедью. И на что все это было? к чему оно все было? К тому ли, чтобы наконец умереть лютою смертью, какой не умирает последний нищий в королевстве? И мало того, что осуждена я на такую страшную участь; мало того, что перед концом своим должна видеть, как станут умирать в невыносимых муках отец и мать, для спасенья которых двадцать раз готова бы была отдать жизнь свою; мало всего этого: нужно, чтобы перед концом своим мне довелось увидать и услышать слова и любовь, какой не видала я. Нужно, чтобы он речами своими разодрал на части мое сердце, чтобы горькая моя участь была еще горше, чтобы еще жалче было мне моей молодой жизни, чтобы еще страшнее казалась мне смерть моя и чтобы еще больше, умирая, попрекала я тебя, свирепая судьба моя, и тебя — прости мое прегрешение, — святая божья матерь!

И когда затихла она, безнадежное, безнадежное чувство отразилось в лице ее; ноющею грустью заговорила всякая черта его, и все, от печально поникшего лба и опустившихся очей до слез, застывших и засохнувших по тихо пламеневшим щекам ее, — все, казалось, говорило: "Нет счастья на лице сем!"

— Не слыхано на свете, не можно, не быть тому, — говорил Андрий, — чтобы красивейшая и лучшая из жен понесла такую горькую часть, когда она рождена на то, чтобы пред ней, как пред святыней, преклонилось все, что ни есть лучшего на свете. Нет, ты не умрешь! Не тебе умирать! Клянусь моим рождением и всем, что мне мило на свете, ты не умрешь! Если же выйдет уже так и ничем — ни силой, ни молитвой, ни мужеством — нельзя будет отклонить горькой судьбы, то мы умрем вместе; и прежде я умру, умру перед тобой, у твоих прекрасных коленей, и разве уже мертвого меня разлучат с тобою.

— Не обманывай, рыцарь, и себя и меня, — говорила она, качая тихо прекрасной головой своей, — знаю и, к великому моему горю, знаю слишком хорошо, что тебе нельзя любить меня; и знаю я, какой долг и завет твой: тебя зовут отец, товарищи, отчизна, а мы — враги тебе.

— А что мне отец, товарищи и отчизна! — сказал Андрий, встряхнув быстро головою и выпрямив весь прямой, как надречная осокорь,[27] стан свой. — Так если ж так, так вот что: нет у меня никого! Никого, никого! — пввторил он тем же голосом и сопроводив его тем движеньем руки, с каким упругий, несокрушимый козак выражает решимость на дело, неслыханное и невозможное для другого. — Кто сказал, что моя отчизна Украйна? Кто дал мне ее в отчизны? Отчизна есть то, чего ищет душа наша, что милее для нее всего. Отчизна моя — ты! Вот моя отчизна! И понесу я отчизну сию в сердце моем, понесу ее, пока станет моего веку, и посмотрю, пусть кто-нибудь из козаков вырвет ее оттуда! И все, что ни есть, продам, отдам, погублю за такую отчизну!

На миг остолбенев, как прекрасная статуя, смотрела она ему в очи и вдруг зарыдала, и с чудною женскою стремительностью, на какую бывает только способна одна безрасчетно великодушная женщина, созданная на прекрасное

---

[27] серебристый тополь.

сердечное движение, кинулась она к нему на шею, обхватив его снегоподобными, чудными руками, и зарыдала. В это время раздались на улице неясные крики, сопровожденные трубным и литаврным звуком. Но он не слышал их. Он слышал только, как чудные уста обдавали его благовонной теплотой своего дыханья, как слезы ее текли ручьями к нему на лицо и спустившиеся все с головы пахучие ее волосы опутали его всего своим темным и блистающим шелком.

В это время вбежала к ним с радостным криком татарка.

— Спасены, спасены! — кричала она, не помня себя. — Наши вошли в город, привезли хлеба, пшена, муки и связанных запорожцев.

Но не слышал никто из них, какие "наши" вошли в город, что привезли с собою и каких связали запорожцев. Полный не на земле вкушаемых чувств, Андрий поцеловал в сии благовонные уста, прильнувшие к щеке его, и небезответны были благовонные уста. Они отозвались тем же, и в сем обоюднослиянном поцелуе ощутилось то, что один только раз в жизни дается чувствовать человеку.

И погиб козак! Пропал для всего козацкого рыцарства! Не видать ему больше ни Запорожья, ни отцовских хуторов своих, ни церкви божьей! Украйне не видать тоже храбрейшего из своих детей, взявшихся защищать ее. Вырвет старый Тарас седой клок волос из своей чуприны и проклянет и день и час, в который породил на позор себе такого сына.

# VII

Шум и движение происходили в запорожском таборе. Сначала никто не мог дать верного отчета, как случилось, что войска прошли в город. Потом уже оказалось, что весь Переяславский курень, расположившийся перед боковыми городскими воротами, был пьян мертвецки; стало быть, дивиться нечего, что половина была перебита, а другая перевязана прежде, чем все могли узнать, в чем дело. Покамест ближние курени, разбуженные шумом, успели схватиться за оружие, войско уже уходило в ворота, и последние ряды отстреливались от устремившихся на них в беспорядке сонных и полупротрезвившихся запорожцев. Кошевой дал приказ собраться всем, и когда все стали в круг и затихли, снявши шапки, он сказал:

— Так вот что, панове-братове, случилось в эту ночь. Вот до чего довел хмель! Вот какое поруганье оказал нам неприятель! У вас, видно, уже такое заведение: коли позволишь удвоить порцию, так вы готовы так натянуться, что враг Христова воинства не только снимет с вас шаровары, но в самое лицо вам начихает, так вы того не услышите.

Козаки все стояли понурив головы, зная вину; один только незамайковский куренной атаман Кукубенко отозвался.

— Постой, батько! — сказал он. — Хоть оно и не в законе, чтобы сказать какое возражение, когда говорит кошевой перед лицом всего войска, да дело не так было, так нужно сказать. Ты не совсем справедливо попрекнул все христианское войско. Козаки были бы повинны и достойны смерти, если бы напились в походе, на войне, на трудной, тяжкой работе. Но мы сидели без дела, маячились попусту перед городом. Ни поста, ни другого христианского воздержанья не было: как же может статься, чтобы на безделье не напился человек? Греха тут нет. А мы вот лучше покажем им, что такое нападать на безвинных людей. Прежде били добре, а уж теперь побьем так, что и пят не унесут домой.

Речь куренного атамана понравилась козакам. Они приподняли уже совсем было понурившиеся головы, и многие одобрительно кивнули головой, промолвивши: "Добре сказал Кукубенко!" А Тарас Бульба, стоявший недалеко от кошевого, сказал:

— А что, кошевой, видно Кукубенко правду сказал? Что ты скажешь на это?

— А что скажу? Скажу: блажен и отец, родивший такого сына! Еще не большая мудрость сказать укорительное слово, но бо'льшая мудрость сказать такое слово, которое бы, не поругавшись над бедою человека, ободрило бы его, придало бы духу ему, как шпоры придают духу коню, освеженному водопоем. Я сам хотел вам сказать потом утешительное слово, да Кукубенко догадался прежде.

"Добре сказал и кошевой!" — отозвалось в рядах запорожцев. "Доброе слово!" — повторили другие. И самые седые, стоявшие, как сизые голуби, и те кивнули головою и, моргнувши седым усом, тихо сказали: "Добре сказанное слово!"

— Слушайте же, панове! — продолжал кошевой. — Брать крепость, карабкаться и подкапываться, как делают чужеземные, немецкие мастера, — пусть ей враг прикинется! — и неприлично, и не козацкое дело. А судя по тому, что есть, неприятель вошел в город не с большим запасом; телег что-то было с ним немного. Народ в городе голодный; стало быть, все съест духом, да и коням тоже сена... уж я не знаю, разве с неба кинет им на вилы какой-нибудь их святой... только про это еще бог знает; а ксендзы-то их горазды на одни слова. За тем или за другим, а уж они выйдут из города. Разделяйся же на три кучи и становись на три дороги перед тремя воротами. Перед главными воротами пять куреней, перед другими по три куреня. Дядькивский и Корсунский курень на засаду! Полковник Тарас с полком на засаду! Тытаревский и Тымошевский курень на запас, с правого бока обоза! Щербиновский и Стебликивский верхний — с левого боку! Да выбирайтесь из ряду, молодцы, которые позубастее на слово, задирать неприятеля! У ляха пустоголовая натура: брани не вытерпит; и, может быть, сегодня же все они выйдут из ворот. Куренные атаманы, перегляди всякий курень свой: у кого недочет, пополни его останками Переяславского. Перегляди всё снова! Дать на опохмел всем по чарке и по хлебу на козака! Только, верно, всякий еще вчерашним сыт, ибо, некуда деть правды, понаедались все так, что дивлюсь, как ночью никто не лопнул. Да вот еще один наказ: если кто-нибудь, шинкарь, жид, продаст козаку хоть один кухоль[28] сивухи, то я прибью ему на самый лоб свиное ухо, собаке, и повешу ногами вверх! За работу же, братцы! За работу!

Так распоряжал кошевой, и все поклонились ему в пояс и,

---

[28] глиняная кружка.

не надевая шапок, отправились по своим возам и таборам и, когда уже совсем далеко отошли, тогда только надели шапки. Все начали снаряжаться: пробовали сабли и палаши, насыпали порох из мешков в пороховницы, откатывали и становили возы и выбирали коней.

Уходя к своему полку, Тарас думал и не мог придумать, куда девался Андрий: полонили ли его вместе с другими и связали сонного? Только нет, не таков Андрий, чтобы отдался живым в плен. Между убитыми козаками тоже не было его видно. Задумался крепко Тарас и шел перед полком, не слыша, что его давно называл кто-то по имени.

— Кому нужно меня? — сказал он, наконец очнувшись.

Перед ним стоял жид Янкель.

— Пан полковник, пан полковник! — говорил жид поспешным и прерывистым голосом, как будто бы хотел объявить дело не совсем пустое. — Я был в городе, пан полковник!

Тарас посмотрел на жида и подивился тому, что он уже успел побывать в городе.

— Какой же враг тебя занес туда?

— Я сейчас расскажу, — сказал Янкель. — Как только услышал я на заре шум и козаки стали стрелять, я ухватил кафтан и, не надевая его, побежал туда бегом; дорогою уже надел его в рукава, потому что хотел поскорей узнать, отчего шум, отчего козаки на самой заре стали стрелять. Я взял и прибежал к самым городским воротам, в то время, когда последнее войско входило в город. Гляжу — впереди отряда пан хорунжий Галяндович. Он человек мне знакомый: еще с третьего года задолжал сто червонных. Я за ним, будто бы затем, чтобы выправить с него долг, и вошел вместе с ними в город.

— Как же ты: вошел в город, да еще и долг хотел выправить? — сказал Бульба. — И не велел он тебя тут же повесить, как собаку?

— А ей-богу, хотел повесить, — отвечал жид, — уже было его слуги совсем схватили меня и закинули веревку на шею, но взмолился пану, сказал, что подожду долгу, сколько пан хочет, и пообещал еще дать взаймы, как только поможет мне собрать долги с других рыцарей; ибо у пана хорунжего — я все скажу пану — нет и одного червонного в кармане. Хоть у него есть и хутора, и усадьбы, и четыре замка, и степовой земли до самого Шклова, а грошей у него так, как у козака, — ничего нет. И теперь, если бы не вооружили его бреславские жиды, не в чем было бы ему и на войну выехать. Он и на сейме оттого не был.

— Что ж ты делал в городе? Видел наших?

— Как же! Наших там много: Ицка, Рахум, Самуйло, Хайвалох, еврей-арендатор...

— Пропади они, собаки! — вскрикнул, рассердившись, Тарас. — Что ты мне тычешь свое жидовское племя! Я тебя спрашиваю про наших запорожцев.

— Наших запорожцев не видал. А видал одного пана Андрия.

— Андрия видел? — вскрикнул Бульба. — Что ж ты, где видел его? в подвале? в яме? обесчещен? связан?

— Кто же бы смел связать пана Андрия? Теперь он такой важный рыцарь... Далибуг,[29] я не узнал! И наплечники в золоте, и нарукавники в золоте, и зерцало[30] в золоте, и шапка в золоте, и по поясу золото, и везде золото, и все золото. Так, как солнце взглянет весною, когда в огороде всякая пташка пищит и поет и травка пахнет, так и он весь сияет в золоте. И коня дал ему воевода самого лучшего под верх; два ста червонных стоит один конь.

Бульба остолбенел.

— Зачем же он надел чужое одеянье?

— Потому что лучше, потому и надел... И сам разъезжает, и другие разъезжают; и он учит, и его учат. Как наибогатейший польский пан!

— Кто ж его принудил?

— Я ж не говорю, чтобы его кто принудил. Разве пан не знает, что он по своей воле перешел к ним?

---

[29] (польск.) — ей-богу.

[30] два скрепленных между собой щита, которыми в старину воины предохраняли спину и грудь.

— Кто перешел?

— А пан Андрий.

— Куда перешел?

— Перешел на их сторону, он уж теперь совсем ихний.

— Врешь, свиное ухо!

— Как же можно, чтобы я врал? Дурак я разве, чтобы врал? На свою бы голову я врал? Разве я не знаю, что жида повесят, как собаку, колк он соврет перед паном?

— Так это выходит, он, по-твоему, продал отчизну и веру?

— Я же не говорю этого, чтобы он продавал что: я сказал только, то он перешел к ним.

— Врешь, чертов жид! Такого дела не было на христианской земле! Ты путаешь, собака!

— Пусть трава прорастет на пороге моего дома, если я путаю! Пусть всякий наплюет на могилу отца, матери, свекора, и отца отца моего, и отца матери моей, если я путаю. Если пан хочет, я даже скажу, и отчего он перешел к ним.

— Отчего?

— У воеводы есть дочка-красавица. Святой боже, какая красавица!

Здесь жид постарался, как только мог, выразить в лице своем красоту, расставив руки, прищурив глаз и покрививши набок рот, как будто чего-нибудь отведавши.

— Ну, так что же из того?

— Он для нее и сделал все и перешел. Коли человек влюбится, то он все равно что подошва, которую, коли размочишь в воде, возьми согни — она и согнется.

Крепко задумался Бульба. Вспомнил он, что велика власть слабой женщины, что многих сильных погубляла она, что податлива с этой стороны природа Андрия; и стоял он долго как вкопанный на одном и том же месте.

— Слушай, пан, я все расскажу пану, — говорил жид. — Как только услышал я шум и увидел, что проходят в городские ворота, я схватил на всякий случай с собой нитку жемчуга, потому что в городе есть красавицы и дворянки, а коли есть красавицы и дворянки, сказал я себе, то хоть им и есть нечего, а жемчуг все-таки купят. И как только хорунжего слуги пустили меня, я побежал на воеводин двор продавать жемчуг и расспросил все у служанки-татарки. "Будет свадьба сейчас, как только прогонят запорожцев. Пан Андрий обещал прогнать запорожцев".

— И ты не убил тут же на месте его, чертова сына? — вскрикнул Бульба.

— За что же убить? Он перешел по доброй воле. Чем человек виноват? Там ему лучше, туда и перешел.

— И ты видел его в самое лицо?

— Ей-богу, в самое лицо! Такой славный вояка! Всех взрачней. Дай бог ему здоровья, меня тотчас узнал; и когда я подошел к нему, тотчас сказал...

— Что ж он сказал?

— Он сказал... прежде кивнул пальцем, а потом уже сказал: "Янкель!" А я: "Пан Андрий!" — говорю. "Янкель! скажи отцу, скажи брату, скажи козакам, скажи запорожцам, скажи всем, что отец — теперь не отец мне, брат — не брат, товарищ — не товарищ, и что я с ними буду биться со всеми. Со всеми буду биться!"

— Врешь, чертов Иуда! — закричал, вышед из себя, Тарас. — Врешь, собака! Ты и Христа распял, проклятый богом человек! Я тебя убью, сатана! Утекай отсюда, не то — тут же тебе и смерть! — И, сказавши это, Тарас выхватил свою саблю.

Испуганный жид припустился тут же во все лопатки, как только могли вынести его тонкие, сухие икры. Долго еще бежал он без оглядки между козацким табором и потом далеко по всему чистому полю, хотя Тарас вовсе не гнался за ним, размыслив, что неразумно вымещать запальчивость на первом подвернувшемся.

Теперь припомнил он, что видел в прошлую ночь Андрия, проходившего по табору с какой-то женщиною, и поник седою головою, а все еще не хотел верить, чтобы могло случиться такое позорное дело и чтобы собственный сын его продал веру и душу.

Наконец повел он свой полк в засаду и скрылся с ним за лесом, который один был не выжжен еще козаками. А запорожцы, и пешие и конные, выступали на три дороги к трем воротам. Один за другим валили курени: Уманский, Поповичевский, Каневский, Стебликивский, Незамайковский, Гургузив, Тытаревский, Тымошевский. Одного только Переяславского не было. Крепко курнули козаки его и прокурили свою долю. Кто проснулся связанный во вражьих руках, кто, и совсем не просыпаясь, сонный перешел в сырую землю, и сам атаман Хлиб, без шаровар и верхнего убранства, очутился в ляшском стану.

В городе услышали козацкое движенье. Все высыпали на вал, и предстала пред козаков живая картина: польские витязи, один другого красивей, стояли на валу. Медные шапки сияли, как солнца, оперенные белыми, как лебедь, перьями. На других были легкие шапочки, розовые и голубые с перегнутыми набекрень верхами; кафтаны с откидными рукавами, шитые и золотом и просто выложенные шнурками; у тех сабли и ружья в дорогих оправах, за которые дорого приплачивались паны, — и много было всяких других убранств. Напереди стоял спесиво, в красной шапке, убранной золотом, буджаковский полковник. Грузен был полковник, всех выше и толще, и широкий дорогой кафтан в силу облекал его. На другой стороне, почти к боковым воротам, стоял другой полковник, небольшой человек, весь высохший; но малые зоркие очи глядели живо из-под густо наросших бровей, и оборачивался он скоро на все стороны, указывая бойко тонкою, сухою рукою своею, раздавая приказанья; видно было, что, несмотря на малое тело свое, знал он хорошо ратную науку. Недалеко от него стоял хорунжий, длинный-длинный, с густыми усами, и, казалось, не было у него недостатка в краске на лице: любил пан крепкие меды и добрую пирушку. И много было видно за ними всякой шляхты, вооружившейся кто на свои червонцы, кто на королевскую казну, кто на жидовские деньги, заложив все, что ни нашлось в дедовских замках. Немало было и всяких сенаторских нахлебников, которых брали с собою сенаторы на обеды для почета, которые крали со стола и из буфетов серебряные кубки и после сегодняшнего почета на другой день садились на козлы править конями у какого-нибудь пана. Много всяких было там.

70

Иной раз и выпить было не на что, а на войну все принарядились.

Казацкие ряды стояли тихо перед стенами. Не было на них ни на ком золота, только разве кое-где блестело оно на сабельных рукоятках и ружейных оправах. Не любили козаки богато выряжаться на битвах; простые были на них кольчуги и свиты, и далеко чернели и червонели черные, червонноверхие бараньи их шапки.

Два козака выехало вперед из запорожских рядов. Один еще совсем молодой, другой постарее, оба зубастые на слова, на деле тоже не плохие козаки: Охрим Наш и Мыкыта Голокопытенко. Следом за ними выехал и Демид Попович, коренастый козак, уже давно маячивший на Сечи, бывший под Адрианополем и много натерпевшийся на веку своем: горел в огне и прибежал на Сечь с обсмаленною, почерневшею головою и выгоревшими усами. Но раздобрел вновь Попович, пустил за ухо оселедец, вырастил усы, густые и черные как смоль. И крепок был на едкое слово Попович.

— А, красные жупаны на всем войске, да хотел бы я знать, красная ли сила у войска?

— Вот я вас! — кричал сверху дюжий полковник, — всех перевяжу! Отдавайте, холопы, ружья и коней. Видели, как перевязал я ваших? Выведите им на вал запорожцев!

И вывели на вал скрученных веревками запорожцев. Впереди их был куренной атаман Хлиб, без шаровар и верхнего убранства, — так, как схватили его хмельного. И потупил в землю голову атаман, стыдясь наготы своей перед своими же козаками и того, что попал в плен, как собака, сонный. В одну ночь поседела крепкая голова его.

— Не печалься, Хлиб! Выручим! — кричали ему снизу козаки.

— Не печалься, друзьяка! — отозвался куренной атаман Бородатый. — В том нет вины твоей, что схватили тебя нагого. Беда может быть со всяким человеком; но стыдно им, что выставили тебя на позор, не прикрывши прилично наготы твоей.

71

— Вы, видно, на сонных людей храброе войско! — говорил, поглядывая на вал, Голокопытенко.

— Вот, погодите, обрежем мы вам чубы! — кричали им сверху.

— А хотел бы я поглядеть, как они нам обрежут чубы! — говорил Попович, поворотившись перед ними на коне. Потом, поглядевши на своих, сказал: — А что ж? Может быть, ляхи и правду говорят. Колк выведет их вон тот пузатый, им всем будет добрая защита.

— Отчего ж, ты думаешь, будет им добрая защита? — сказали козаки, зная, что Попович, верно, уже готовился что-нибудь отпустить.

— А оттого, что позади его упрячется все войско, и уж черта с два из-за его пуза достанешь которого-нибудь копьем!

Все засмеялись козаки. И долго многие из них еще покачивали головою, говоря: "Ну уж Попович! Уж коли кому закрутит слово, так только ну..." Да уж и не сказали козаки, что такое "ну".

— Отступайте, отступайте скорей от стен! — закричал кошевой. Ибо ляхи, казалось, не выдержали едкого слова, и полковник махнул рукой.

Едва только посторонились козаки, как грянули с валу картечью. На валу засуетились, показался сам седой воевода на коне. Ворота отворились, и выступило войско. Впереди выехали ровным конным строем шитые гусары. За ними кольчужники, потом латники с копьями, потом все в медных шапках, потом ехали особняком лучшие шляхтичи, каждый одетый по-своему. Не хотели гордые шляхтичи смешаться в ряды с другими, и у которого не было команды, тот ехал один с своими слугами. Потом опять ряды, и за ними выехал хорунжий; за ним опять ряды, и выехал дюжий полковник; а позади всего уже войска выехал последним низенький полковник.

— Не давать им, не давать им строиться и становиться в ряды! — кричал кошевой. — Разом напирайте на них все курени! Оставляйте прочие ворота! Тытаревский курень, нападай сбоку! Дядьковский курень, нападай с другого!

Напирайте на тыл, Кукубенко и Палывода! Мешайте, мешайте и розните их!

И ударили со всех сторон козаки, сбили и смешали их, и сами смешались. Не дали даже и стрельбы произвести; пошло дело на мечи да на копья. Все сбились в кучу, и каждому привел случай показать себя. Демид Попович трех заколол простых и двух лучших шляхтичей сбил с коней, говоря: "Вот добрые кони! Таких коней я давно хотел достать!" И выгнал коней далеко в поле, крича стоявшим козакам перенять их. Потом вновь пробился в кучу, напал опять на сбитых с коней шляхтичей, одного убил, а другому накинул аркан на шею, привязал к седлу и поволок его по всему полю, снявши с него саблю с дорогою рукоятью и отвязавши от пояса целый черенок[31] с червонцами. Кобита, добрый козак и молодой еще, схватился тоже с одним из храбрейших в польском войске, и долго бились они. Сошлись уже в рукопашный. Одолел было уже козак и, сломивши, ударил вострым турецким ножом в грудь, но не уберегся сам. Тут же в висок хлопнула его горячая пуля. Свалил его знатнее из панов, красивейший и древнего княжеского роду рыцарь. Как стройный тополь, носился он на булатом коне своем. И много уже показал боярской богатырской удали: двух запорожцев разрубил надвое; Федора Коржа, доброго козака, опрокинул вместе с конем, выстрелил по коню и козака достал из-за коня копьем; многим отнес головы и руки и повалил козака Кобиту, вогнавши ему пулю в висок.

— Вот с кем бы я хотел попробовать силы! — закричал незамайковский куренной атаман Кукубенко. Припустив коня, налетел прямо ему в тыл и сильно вскрикнул, так что вздрогнули все близ стоявшие от нечеловеческого крика. Хотел было поворотить вдруг своего коня лях и стать ему в лицо; но не послушался конь: испуганный страшным крюком, метнулся на сторону, и достал его ружейною пулею Кукубенко. Вошла в спинные лопатки ему горячая пуля, и свалился он с коня. Но и тут не поддался лях, все еще силился нанести врагу удар, но

---

[31] кошелек.

ослабела упавшая вместе с саблею рука. А Кукубенко, взяв в обе руки свой тяжелый палаш, вогнал его ему в самые побледневшие уста. Вышиб два сахарные зуба палаш, рассек надвое язык, разбил горловой позвонок и вошел далеко в землю. Так и пригвоздил он его там навеки к сырой земле. Ключом хлынула вверх алая, как надречная калина, высокая дворянская кровь и выкрасила весь обшитый золотом желтый кафтан его. А Кукубенко уже кинул его и пробился с своими незамайковцами в другую кучу.

— Эх, оставил неприбранным такое дорогое убранство! — сказал уманский куренной Бородатый, отъехавши от своих к месту, где лежал убитый Кукубенком шляхтич. — Я семерых убил шляхтичей своею рукою, а такого убранства еще не видел ни на ком.

И польстился корыстью Бородатый: нагнулся, чтобы снять с него дорогие доспехи, вынул уже турецкий нож в оправе из самоцветных каменьев, отвязал от пояса черенок с червонцами, снял с груди сумку с тонким бельем, дорогим серебром и девическою кудрею, сохранно сберегавшеюся на память. И не услышал Бородатый, как налетел на него сзади красноносый хорунжий, уже раз сбитый им с седла и получивший добрую зазубрину на память. Размахнулся он со всего плеча и ударил его саблей по нагнувшейся шее. Не к добру повела корысть козака: отскочила могучая голова, и упал обезглавленный труп, далеко вокруг оросивши землю. Понеслась к вышинам суровая козацкая душа, хмурясь и негодуя, и вместе с тем дивуясь, что так рано вылетела из такого крепкого тела. Не успел хорунжий ухватить за чуб атаманскую голову, чтобы привязать ее к седлу, а уж был тут суровый мститель.

Как плавающий в небе ястреб, давши много кругов сильными крылами, вдруг останавливается распластанный на одном месте и бьет оттуда стрелой на раскричавшегося у самой дороги самца-перепела, — так Тарасов сын, Остап, налетел вдруг на хорунжего и сразу накинул ему на шею веревку. Побагровело еще сильнее красное лицо хорунжего, когда затянула ему горло жестокая петля; схватился он было за пистолет, но судорожно сведенная рука не могла направить выстрела, и даром полетела в поле пуля. Остап тут же, у его же седла, отвязал шелковый шнур, который возил с собою хорунжий для вязания пленных, и его же шнуром связал его по рукам и по ногам, прицепил конец веревки к седлу и поволок его через поле, сзывая громко всех козаков Уманского куреня, чтобы шли отдать последнюю честь атаману.

Как услышали уманцы, что куренного их атамана Бородатого нет уже в живых, бросили поле битвы и прибежали прибрать его тело; и тут же стали совещаться, кого выбрать в куренные. Наконец сказали:

— Да на что совещаться? Лучше не можно поставить в куренные, как Бульбенка Остапа. Он, правда, младший всех нас, но разум у него, как у старого человека.

Остап, сняв шапку, всех поблагодарил козаков-товарищей за честь, не стал отговариваться ни молодостью, ни молодым разумом, зная, что время военное и не до того теперь, а тут же повел их прямо на кучу и уж показал им всем, что недаром выбрали его в атаманы. Почувствовали ляхи, что уже становилось дело слишком жарко, отступили и перебежали поле, чтоб собраться на другом конце его. А низенький полковник махнул на стоявшие отдельно, у самых ворот, четыре свежих сотни, и грянули оттуда картечью в козацкие кучи. Но мало кого достали: пули хватили по быкам козацким, дико глядевшим на битву. Взревели испуганные быки, поворотили на козацкие таборы, переломали возы и многих перетоптали. Но Тарас в это время, вырвавшись из засады с своим полком, с криком бросился навперейймы. Поворотило назад все бешеное стадо, испуганное криком, и метнулось на ляшские полки, опрокинуло конницу, всех смяло и рассыпало.

— О, спасибо вам, волы! — кричали запорожцы, — служили всё походную службу, а теперь и военную сослужили! — И ударили с новыми силами на неприятеля.

Много тогда перебили врагов. Многие показали себя: Метелыця, Шило, оба Пысаренки, Вовтузенко, и немало было всяких других. Увидели ляхи, что плохо наконец приходит, выкинули хоругвь и закричали отворять городские ворота. Со скрыпом отворились обитые железом ворота и приняли толпившихся, как овец в овчарню, изнуренных и покрытых пылью всадников. Многие из запорожцев погнались было за ними, но Остап своих уманцев остановил, сказавши: "Подальше, подальше, паны-братья, от стен! Не годится близко подходить к ним". И правду сказал, потому что со стен грянули и посыпали всем чем ни попало, и многим досталось. В это время подъехал кошевой и похвалил Остапа, сказавши: "Вот и новый атаман, а ведет войско так, как бы и старый!" Оглянулся старый Бульба поглядеть, какой там новый атаман, и увидел, что впереди всех уманцев сидел на коне Остап, и шапка заломлена набекрень, и атаманская палица в руке. "Вишь ты какой!" — сказал он, глядя на него; и обрадовался старый, и стал благодарить всех уманцев за честь, оказанную сыну.

Козаки вновь отступили, готовясь идти к таборам, а на городском валу вновь показались ляхи, уже с изорванными епанчами. Запеклася кровь на многих дорогих кафтанах, и пылью покрылись красивые медные шапки.

— Что, перевязали? — кричали им снизу запорожцы.

— Вот я вас! — кричал все так же сверху толстый полковник, показывая веревку.

И все еще не переставали грозить запыленные, изнуренные воины, и все, бывшие позадорнее, перекинулись с обеих сторон бойкими словами.

Наконец разошлись все. Кто расположился отдыхать, истомившись от боя; кто присыпал землей свои раны и драл на перевязки платки и дорогие одежды, снятые с убитого неприятеля. Другие же, которые были посвежее, стали прибирать тела и отдавать им последнюю почесть. Палашами и копьями копали могилы; шапками, полами выносили землю; сложили честно козацкие тела и засыпали их свежею землею, чтобы не досталось во'ронам и хищным орлам выплевывать им очи. А ляшские тела увязавши как попало десятками к хвостам диких коней, пустили их по всему полю и долго потом гнались за ними и хлестали их по бокам. Летели бешеные кони по бороздам, буграм, через рвы и протоки, и бились о землю покрытые кровью и прахом ляшские трупы.

Потом сели кругами все курени вечереть и долго говорили

о делах и подвигах, доставшихся в удел каждому, на вечный рассказ пришельцам и потомству. Долго не ложились они. А долее всех не ложился старый Тарас, все размышляя, что бы значило, что Андрия не было между вражьих воев. Посовестился ли Иуда выйти противу своих или обманул жид и попался он просто в неволю? Но тут же вспомнил он, что не в меру было наклончиво сердце Андрия на женские речи, почувствовал скорбь и заклялся сильно в душе против полячки, причаровавшей его сына. И выполнил бы он свою клятву: не поглядел бы на ее красоту, вытащил бы ее за густую, пышную косу, поволок бы ее за собою по всему полю, между всех козаков. Избились бы о землю, окровавившись и покрывшись пылью, ее чудные груди и плечи, блеском равные нетающим снегам, покрывающим горные вершины; разнес бы по частям он ее пышное, прекрасное тело. Но не ведал Бульба того, что готовит бог человеку завтра, и стал позабываться сном, и наконец заснул.

А козаки все еще говорили промеж собой, и всю ночь стояла у огней, приглядываясь пристально во все концы, трезвая, не смыкавшая очей стража.

# VIII

Еще солнце не дошло до половины неба, как все запорожцы собрались в круги. Из Сечи пришла весть, что татары во время отлучки козаков ограбили в ней все, вырыли скарб, который втайне держали козаки под землею, избили и забрали в плен всех, которые оставались, и со всеми забранными стадами и табунами направили путь прямо к Перекопу. Один только козак, Максим Голодуха, вырвался дорогою из татарских рук, заколол мирзу, отвязал у него мешок с цехинами и на татарском коне, в татарской одежде полтора дни и две ночи уходил от погони, загнал насмерть коня, пересел дорогою на другого, загнал и того, и уже на третьем приехал в запорожский табор, разведав на дороге, что запорожцы были под Дубном. Только и успел объявить он, что случилось такое зло; но отчего оно случилось, курнули ли оставшиеся запорожцы, по козацкому обычаю, и пьяными отдались в плен, и как узнали татары место, где был зарыт войсковой скарб, — того ничего не сказал он. Сильно истомился козак, распух весь, лицо пожгло и опалило ему ветром; упал он тут же и заснул крепким сном.

В подобных случаях водилось у запорожцев гнаться в ту ж минуту за похитителями, стараясь настигнуть их на дороге, потому что пленные как раз могли очутиться на базарах Малой Азии, в Смирне, на Критском острове, и бог знает в какие местах не показались бы чубатые запорожские головы. Вот отчего собрались запорожцы. Все до единого стояли они в шапках, потому что пришли не с тем, чтобы слушать по начальству атаманский приказ, но совещаться, как ровные между собою.

— Давай совет прежде старшие! — закричали в толпе.

— Давай совет кошевой! — говорили другие.

И кошевой снял шапку, уж не так, как начальник, а как товарищ, благодарил всех козаков за честь и сказал:

— Много между нами есть старших и советом умнейших, но коли меня почтили, то мой совет: не терять, товарищи, времени и гнаться за татарином. Ибо вы сами знаете, что за человек татарин. Он не станет с награбленным добром ожидать нашего прихода, а мигом размытарит его, так что и следов не найдешь. Так мой совет: идти. Мы здесь уже погуляли. Ляхи знают, что такое козаки; за веру, сколько было по силам, отмстили; корысти же с голодного города не много. Итак, мой совет — идти.

— Идти! — раздалось голосно в запорожских куренях.

Но Тарасу Бульбе не пришлись по душе такие слова, и навесил он еще ниже на очи свои хмурые, исчерна-белые брови, подобные кустам, выросшим по высокому темени горы, которых верхушки вплоть занес иглистый северный иней.

— Нет, не прав совет твой, кошевой!- сказал он. — Ты не так говоришь. Ты позабыл, видно, что в плену остаются наши, захваченные ляхами? Ты хочешь, видно, чтоб мы не уважили первого, святого закона товарищества: оставили бы собратьев своих на то, чтобы с них с живых содрали кожу или, исчетвертовав на части козацкое их тело, развозили бы их по городам и селам, как сделали они уже с гетьманом и лучшими русскими витязями на Украйне. Разве мало они поругались и без того над святынею? Что ж мы такое? спрашиваю я всех вас. Что ж за козак тот, который кинул в беде товарища, кинул его, как собаку, пропасть на чужбине? Коли уж на то пошло, что всякий ни во что ставит козацкую честь, позволив себе плюнуть в седые усы свои и попрекнуть себя обидным словом, так не укорит же никто меня. Один остаюсь!

Поколебались все стоявшие запорожцы.

— А разве ты позабыл, бравый полковник, — сказал тогда кошевой, — что у татар в руках тоже наши товарищи, что если мы теперь их не выручим, то жизнь их будет продана на вечное невольничество язычникам, что хуже всякой лютой смерти? Позабыл разве, что у них теперь вся казна наша, добытая христианскою кровью?

Задумались все козаки и не знали, что сказать. Никому не хотелось из них заслужить обидную славу. Тогда вышел вперед всех старейший годами во всем запорожском войске Касьян Бовдюг. В чести был он от всех козаков; два раза уже был избираем кошевым и на войнах тоже был сильно добрый козак, но уже давно состарелся и не бывал ни в каких походах; не любил тоже и советов давать никому, а любил старый вояка лежать на боку у козацких кругов, слушая рассказы про всякие бывалые случаи и козацкие походы. Никогда не вмешивался он в их речи, а все только слушал да прижимал пальцем золу в своей коротенькой трубке, которой не выпускал изо рта, и долго сидел он потом, прижмурив слегка очи; и не знали козаки, спал ли он или все еще слушал. Все походы оставался он дома, но сей раз разобрало старого. Махнул рукою по-козацки и сказал:

— А, не куды пошло! Пойду и я; может, в чем-нибудь буду пригоден козачеству!

Все козаки притихли, когда выступил он теперь перед собранием, ибо давно не слышали от него никакого слова. Всякий хотел знать, что скажет Бовдюг.

— Пришла очередь и мне сказать слово, паны-братья! — так он начал. — Послушайте, дети, старого. Мудро сказал кошевой; и, как голова козацкого войска, обязанный приберегать его и пещись о войсковом скарбе, мудрее ничего он не мог сказать. Вот что! Это пусть будет первая моя речь! А теперь послушайте, что скажет моя другая речь. А вот что скажет моя другая речь: большую правду сказал и Тарас-полковник, — дай боже ему побольше веку и чтоб таких полковников было побольше на Украйне! Первый долг и первая честь козака есть соблюсти товарищество. Сколько ни живу я на веку, не слышал я, паны-братья, чтобы козак покинул где или продал как-нибудь своего товарища. И те и другие нам товарищи; меньше их или больше — все равно, все товарищи, все нам дороги. Так вот какая моя речь: те, которым милы захваченные татарами, пусть отправляются за татарами, а которым милы полоненные ляхами и не хочется оставлять правого дела, пусть остаются. Кошевой по долгу пойдет с одной половиною за татарами, а другая половина выберет себе наказного атамана. А наказным атаманом, коли хотите послушать белой головы, не пригоне быть никому другому, как только одному Тарасу Бульбе. Нет из нас никого, равного ему в доблести.

Так сказал Бовдюг и затих; и обрадовались все козаки, что навел их таким образом на ум старый. Все вскинули вверх шапки и закричали:

— Спасибо тебе, батько! Молчал, молчал, долго молчал, да вот наконец и сказал. Недаром говорил, когда собирался в поход, что будешь пригоден козачеству: так и сделалось.

— Что, согласны вы на то? — спросил кошевой.

— Все согласны! — закричали козами.

— Стало быть, раде конец?

— Конец раде! — кричали козаки.

— Слушайте ж теперь войскового приказа, дети! — сказал кошевой, выступил вперед и надел шапку, а все запорожцы, сколько их ни было, сняли свои шапки и остались с непокрытыми головами, утупив очи в землю, как бывало всегда между козаками, когда собирался что говорить старший.

— Теперь отделяйтесь, паны-братья! Кто хочет идти, ступай на правую сторону; кто остается, отходи на левую! Куды бо'льшая часть куреня переходит, туды и атаман; коли меньшая часть переходит, приставай к другим куреням.

И все стали переходить, кто на правую, кто на левую сторону. Которого куреня бо'льшая часть переходила, туда и куренной атаман переходил; которого малая часть, та приставала к другим куреням; и вышло без малого не поровну на всякой стороне. Захотели остаться: весь почти Незамайковский курень, бо'льшая половина Поповичевского куреня, весь Уманский курень, весь Каневский курень, бо'льшая половина Стебликивского куреня, бо'льшая половина Тымошевского куреня. Все остальные вызвались идти вдогон за татарами. Много было на обеих сторонах дюжих и храбрых козаков, Между теми, которые решились идти вслед за татарами, был Череватый, добрый старый козак, Покотыполе, Лемиш, Прокопович Хома; Демид Попович тоже перешел туда, потому что был сильно завзятого нрава козак — не мог долго высидеть на месте; с ляхами попробовал уже он дела, хотелось попробовать еще с татарами. Куренные были: Ностюган, Покрышка, Невылычкий; и много еще других славных и храбрых козаков захотело попробовать меча и могучего плеча в схватке с татарином. Немало было также сильно и сильно добрых козаков между теми, которые захотели остаться: куренные Демытрович, Кукубенко, Вертыхвист, Балабан, Бульбенко Остап. Потом много было еще других именитых и дюжих козаков: Вовтузенко, Черевыченко, Степан Гуска, Охрим Гуска, Мыкола Густый, Задорожний, Метелыця, Иван Закрутыгуба, Мосий Шило, Дёгтяренко, Сыдоренко, Пысаренко, потом другой Пысаренко, потом еще Пысаренко, и много было других добрых козаков. Все были хожалые, езжалые: ходили по анатольским берегам, по крымским солончакам и степям, по всем речкам большим и малым, которые впадали в Днепр, по всем заходам[32] и днепровским островам; бывали в молдавской, волошской, в турецкой земле;

---

[32] залив.

81

изъездили всё Черное море двухрульными козацкими челнами; нападали в пятьдесят челнов в ряд на богатейшие и превысокие корабли, перетопили немало турецких галер и много-много выстреляли пороху на своем веку. Не раз драли на онучи дорогие паволоки и оксамиты. Не раз череши у штанных очкуров набивали все чистыми цехинами. А сколько всякий из них пропил и прогулял добра, ставшего бы другому на всю жизнь, того и счесть нельзя. Все спустили по-козацки, угощая весь мир и нанимая музыку, чтобы все веселилось, что ни есть на свете. Еще и теперь у редкого из них не было закопано добра — кружек, серебряных ковшей и запястьев под камышами на днепровских островах, чтобы не довелось татарину найти его, если бы, в случае несчастья, удалось ему напасть врасплох на Сечь; но трудно было бы татарину найти его, потому что и сам хозяин уже стал забывать, в котором месте закопал его. Такие-то были козаки, захотевшие остаться и отмстить ляхам за верных товарищей и Христову веру! Старый козак Бовдюг захотел также остаться с ними, сказавши: "Теперь не такие мои лета, чтобы гоняться за татарами, а тут есть место, где опочить доброю козацкою смертью. Давно уже просил я у бога, чтобы если придется кончать жизнь, то чтобы кончить ее на войне за святое и христианское дело. Так оно и случилось. Славнейшей кончины уже не будет в другом месте для старого козака".

Когда отделились все и стали на две стороны в два ряда куренями, кошевой прошел промеж рядов и сказал:

— А что, панове-братове, довольны одна сторона другою?

— Все довольны, батько! — отвечали козаки.

— Ну, так поцелуйтесь же и дайте друг другу прощанье, ибо, бог знает, приведется ли в жизни еще увидеться. Слушайте своего атамана, а исполняйте то, что сами знаете: сами знаете, что велит козацкая честь.

И все козаки, сколько их ни было, перецеловались между собою. Начали первые атаманы и, поведши рукою седые усы свои, поцеловались навкрест и потом взялись за руки и крепко держали руки. Хотел один другого спросить: "Что, пане-брате, увидимся или не увидимся?" — да и не спросили, замолчали, — и загадались обе седые головы. А козаки все до одного прощались, зная, что много будет работы тем и другим; но не повершили, однако ж, тотчас разлучиться, а повершили дождаться темной ночной поры, чтобы не дать неприятелю увидеть убыль в козацком войске. Потом все отправились по куреням обедать.

После обеда все, которым предстояла дорога, легли отдыхать и спали крепко и долгим сном, как будто чуя, что, может, последний сон доведется им вкусить на такой свободе. Спали до самого заходу солнечного; а как зашло солнце и немного стемнело, стали мазать телеги. Снарядясь, пустили вперед возы, а сами, пошапковавшись еще раз с товарищами, тихо пошли вслед за возами. Конница чинно, без покрика и посвиста на лошадей, слегка затопотела вслед за пешими, и скоро стало их не видно в темноте. Глухо отдавалась только конская топь да скрып иного колеса, которое еще не расходилось или не было хорошо подмазано за ночною темнотою.

Долго еще оставшиеся товарищи махали им издали руками, хотя не было ничего видно. А когда сошли и воротились по своим местам, когда увидали при высветивших ясно звездах, что половины телег уже не было на на месте, что многих, многих нет, невесело стало у всякого на сердце, и все задумались против воли, утупивши в землю гульливые свои головы.

Тарас видел, как смутны стали козацкие ряды и как уныние, неприличное храброму, стало тихо обнимать козацкие головы, но молчал: он хотел дать время всему, чтобы пообыклись они и к унынью, наведенному прощаньем с товарищами, а между тем в тишине готовился разом и вдруг разбудить их всех, гикнувши по-казацки, чтобы вновь и с большею силой, чем прежде, воротилась бодрость каждому в душу, на что способна одна только славянская порода — широкая, могучая порода перед другими, что море перед мелководными реками. Коли время бурно, все превращается оно в рев и гром, бугря и подымая валы, как не поднять их бессильным рекам; коли же безветренно и тихо, яснее всех рек расстилает оно свою неоглядную склянную поверхность, вечную негу очей.

И повелел Тарас распаковать своим слугам один из возов, стоявший особняком. Больше и крепче всех других он был в козацком обозе; двойною крепкою шиною были обтянуты дебелые колеса его; грузно был он навьючен, укрыт попонами, крепкими воловьими кожами и увязан туго засмоленными веревками. В возу были всё баклаги и бочонки старого доброго вина, которое долго лежало у Тараса в погребах. Взял он его про запас, на торжественный случай, чтобы, если случится великая минута и будет всем предстоять дело, достойное на передачу потомкам, то чтобы всякому, до единого, козаку досталось выпить заповедного вина, чтобы в великую минуту великое бы и чувство овладело человеком. Услышав полковничий приказ, слуги бросились к возам, палашами перерезывали крепкие веревки, снимали толстые воловьи кожи и попоны и стаскивали с воза баклаги и бочонки.

— А берите все, — сказал Бульба, — все, сколько ни есть, берите, что у кого есть: ковш, или черпак, которым поит коня, или рукавицу, или шапку, а коли что, то и просто подставляй обе горсти.

И козаки все, сколько ни было их, брали, у кого был ковш, у кого черпак, которым поил коня, у кого рукавица, у кого шапка, а кто подставлял и так обе горсти. Всем им слуги Тарасовы, расхаживая промеж рядами, наливали из баклаг и бочонков. Но не приказал Тарас пить, пока не даст знаку, чтобы выпить им всем разом. Видно было, что он хотел что-то сказать. Знал Тарас, что как ни сильно само по себе старое доброе вино и как ни способно оно укрепить дух человека, но если к нему да присоединится еще приличное слово, то вдвое крепче будет сила и вина и духа.

— Я угощаю вас, паны-братья, — так сказал Бульба, — не в честь того, что вы сделали меня своим атаманом, как ни велика подобная честь, не в честь также прощанья с нашими товарищами: нет, в другое время прилично то и другое; не такая теперь перед нами минута. Перед нами дела великого поту, великой козацкой доблести! Итак, выпьем, товарищи, разом выпьем поперед всего за святую православную веру: чтобы пришло наконец такое время, чтобы по всему свету разошлась и везде была бы одна святая вера, и все, сколько ни есть бусурменов, все бы сделались христианами! Да за одним уже разом выпьем и за Сечь, чтобы долго она стояла на погибель всему бусурменству, чтобы с каждым годом выходили из нее молодцы один одного лучше, один одного краше. Да уже вместе выпьем и за нашу собственную славу, чтобы сказали внуки и сыны тех внуков, что были когда-то такие, которые не постыдили товарищества и не выдали своих. Так за веру, пане-братове, за веру!

— За веру! — загомонели все, стоявшие в ближних рядах, густыми голосами.

— За веру! — подхватили дальние; и все что ни было, и старое и молодое, выпило за веру.

— За Сичь! — сказал Тарас и высоко поднял над головою руку.

— За Сичь! — отдалося густо в передних рядах. — За Сичь! — сказали тихо старые, моргнувши седым усом; и, встрепенувшись, как молодые соколы, повторили молодые: — За Сичь!

И слышало далече поле, как поминали козаки свою Сичь.

— Теперь последний глоток; товарищи, за славу и всех христиан, какие живут на свете!

И все козаки, до последнего в поле, выпили последний глоток в ковшах за славу и всех христиан, какие ни есть на свете. И долго еще повторялось по всем рядам промеж всеми куренями:

— За всех христиан, какие ни есть на свете!

Уже пусто было в ковшах, а всё еще стояли козаки, поднявши руки. Хоть весело глядели очи их всех, просиявшие вином, но сильно загадались они. Не о корысти и военном прибытке теперь думали они, не о том, кому посчастливится набрать червонцев, дорогого оружия, шитых кафтанов и черкесских коней; но загадались они — как орлы, севшие на вершинах обрывистых, высоких гор, с которых далеко видно расстилающееся беспредельно море, усыпанное, как мелкими птицами, галерами, кораблями и всякими судами, огражденное по сторонам чуть видными тонкими поморьями, с прибрежными, как мошки, городами и склонившимися, как мелкая травка, лесами. Как орлы, озирали они вокруг себя очами все поле и чернеющую вдали судьбу свою. Будет, будет все поле с облогами[33] и дорогами покрыто торчащими их белыми костями, щедро обмывшись козацкою их кровью и покрывшись разбитыми возами, расколотыми саблями и копьями. Далече раскинутся чубатые головы с перекрученными и запекшимися в крови чубами и запущенными книзу усами. Будут, налетев, орлы выдирать и выдергивать из них козацкие очи. Но добро великое в таком широко и вольно разметавшемся смертном ночлеге! Не погибнет ни одно великодушное дело, и не пропадет, как малая порошинка с ружейного дула, козацкая слава. Будет, будет бандурист с седою по грудь бородою, а может, еще полный зрелого мужества, но белоголовый старец, вещий духом, и скажет он про них свое густое, могучее слово. И пойдет дыбом по всему свету о них слава, и все, что ни народится потом, заговорит о них. Ибо далеко разносится могучее слово, будучи подобно гудящей колокольной меди, в которую много повергнул мастер дорогого чистого серебра, чтобы далече по городам, лачугам, палатам и весям разносился красный звон, сзывая равно всех на святую молитву.

## IX

В городе не узнал никто, что половина запорожцев выступила в погоню за татарами. С магистратской башни приметили только часовые, что потянулась часть возов за лес; но подумали, что козаки готовились сделать засаду; тоже думал и французский инженер. А между тем слова кошевого не прошли даром, и в городе оказался недостаток в съестных припасах. По обычаю прошедших веков, войска не разочли,

---

33 целина, пустошь.

сколько им было нужно. Попробовали сделать вылазку, но половина смельчаков была тут же перебита козаками, а половина прогнана в город ни с чем. Жиды, однако же, воспользовались вылазкою и пронюхали всё: куда и зачем отправились запорожцы, и с какими военачальниками, и какие именно курени, и сколько их числом, и сколько было оставшихся на месте, и что они думают делать, — словом, чрез несколько уже минут в городе всё узнали. Полковники ободрились и готовились дать сражение. Тарас уже видел то по движенью и шуму в городе и расторопно хлопотал, строил, раздавал приказы и наказы, уставил в три таборы курени, обнесши их возами в виде крепостей, — род битвы, в которой бывали непобедимы запорожцы; двум куреням повелел забраться в засаду: убил часть поля острыми кольями, изломанным оружием, обломками копьев, чтобы при случае нагнать туда неприятельскую конницу. И когда все было сделано как нужно, сказал речь козакам, не для того, чтобы ободрить и освежить их, — знал, что и без того крепки они духом, — а просто самому хотелось высказать все, что было на сердце.

— Хочется мне вам сказать, панове, что такое есть наше товарищество. Вы слышали от отцов и дедов, в какой чести у всех была земля наша: и грекам дала знать себя, и с Царьграда брала червонцы, и города были пышные, и храмы, и князья, князья русского рода, свои князья, а не католические недоверки. Все взяли бусурманы, все пропало. Только остались мы, сирые, да, как вдовица после крепкого мужа, сирая, так же как и мы, земля наша! Вот в какое время подали мы, товарищи, руку на братство! Вот на чем стоит наше товарищество! Нет уз святее товарищества! Отец любит свое дитя, мать любит свое дитя, дитя любит отца и мать. Но это не то, братцы: любит и зверь свое дитя. Но породниться родством по душе, а не по крови, может один только человек. Бывали и в других землях товарищи, но таких, как в Русской земле, не было таких товарищей. Вам случалось не одному помногу пропадать на чужбине; видишь — и там люди! также божий человек, и разговоришься с ним, как с своим; а как дойдет до того, чтобы поведать сердечное слово, — видишь: нет, умные люди, да не те; такие же люди, да не те! Нет, братцы, так любить, как русская душа, — любить не то чтобы умом или чем другим, а всем, чем дал бог, что ни есть в тебе, а... — сказал Тарас, и махнул рукой, и потряс седою головою, и усом моргнул, и сказал: — Нет, так любить никто не может! Знаю, подло завелось теперь на земле нашей; думают только, чтобы при них были хлебные стоги, скирды да конные табуны их, да были бы целы в погребах запечатанные меды их. Перенимают черт знает какие бусурманские обычаи; гнушаются языком своим; свой с своим не хочет говорить; свой своего продает, как продают бездушную тварь на торговом рынке. Милость чужого короля, да и не короля, а паскудная милость польского магната, который желтым чеботом своим бьет их в морду, дороже для них всякого братства. Но у последнего подлюки, каков он ни есть, хоть весь извалялся он в саже и в поклонничестве, есть и у того, братцы, крупица русского чувства. И проснется оно когда-нибудь, и ударится он, горемычный, об полы руками, схватит себя за голову, проклявши громко подлую жизнь свою, готовый муками искупить позорное дело. Пусть же знают они все, что такое значит в Русской земле товарищество! Уж если на то пошло, чтобы умирать, — так никому ж из них не доведется так умирать!.. Никому, никому!.. Не хватит у них на то мышиной натуры их!

Так говорил атаман и, когда кончил речь, все еще потрясал посеребрившеюся в козацких делах головою. Всех, кто ни стоял, разобрала сильно такая речь, дошед далеко, до самого сердца. Самые старейшие в рядах стали неподвижны, потупив седые головы в землю; слеза тихо накатывалась в старых очах; медленно отирали они ее рукавом. И потом все, как будто сговорившись, махнули в одно время рукою и потрясли бывалыми головами. Знать, видно, много напомнил им старый Тарас знакомого и лучшего, что бывает на сердце у человека, умудренного горем, трудом, удалью и всяким невзгодьем жизни, или хотя и не познавшего их, но много почуявшего молодою жемчужною душою на вечную радость старцам родителям, родившим их.

А из города уже выступало неприятельское войско, гремя в литавры и трубы, и, подбоченившись, выезжали паны, окруженные несметными слугами. Толстый полковник отдавал приказы. И стали наступать они тесно на козацкие таборы, грозя, нацеливаясь пищалями, сверкая очами и блеща медными доспехами. Как только увидели козаки, что подошли они на ружейный выстрел, все разом грянули в семипядные пищали, и, не перерывая, всё палили они из пищалей. Далеко понеслось громкое хлопанье по всем окрестным полям и нивам, сливаясь в беспрерывный гул; дымом затянуло все поле, а запорожцы всё палили, не переводя духу: задние только заряжали да передавали передним, наводя изумление на неприятеля, не могшего понять, как стреляли козаки, не заряжая ружей. Уже не видно было за великим дымом, обнявшим то и другое воинство, не видно было, как то одного, то другого не ставало в рядах; но чувствовали ляхи, что густо летели пули и жарко становилось дело; и когда попятились назад, чтобы посторониться от дыма и оглядеться, то многих недосчитались в рядах своих. А у козаков, может быть, другой-третий был убит на всю сотню. И всё продолжали палить козаки из пищалей, ни на минуту не давая промежутка. Сам иноземный инженер подивился такой, никогда им не виданной тактике, сказавши тут же, при всех: "Вот бравые молодцы-запорожцы! Вот как нужно биться и другим в других землях!" И дал совет поворотить тут же на табор пушки. Тяжело ревнули широкими горлами чугунные пушки; дрогнула, далеко загудевши, земля, и вдвое больше затянуло дымом все поле. Почуяли запах пороха среди площадей и улиц в дальних и ближних городах. Но нацелившие взяли слишком высоко: раскаленные ядра выгнули слишком высокую дугу. Страшно завизжав по воздуху, перелетели они через головы всего табора и углубились далеко в землю, взорвав и взметнув высоко на воздух черную землю. Ухватил себя за волосы французский инженер при виде такого неискусства и сам принялся наводить пушки, не глядя на то, что жарили и сыпали пулями беспрерывно козаки.

Тарас видел еще издали, что беда будет всему

Незамайковскому и Стебликивскому куреню, и вскрикнул зычно: "Выбирайтесь скорей из-за возов, и садись всякий на коня!" Но не поспели бы сделать то и другое козаки, если бы Остап не ударил в самую середину; выбил фитили у шести пушкарей, у четырех только не мог выбить: отогнали его назад ляхи. А тем временем иноземный капитан сам взял в руку фитиль, чтобы выпалить из величайшей пушки, какой никто из казаков не видывал дотоле. Страшно глядела она широкою пастью, и тысяча смертей глядело оттуда. И как грянула она, а за нею следом три другие, четырехкратно потрясши глухо-ответную землю, — много нанесли они горя! Не по одному козаку взрыдает старая мать, ударяя себя костистыми руками в дряхлые перси. Не одна останется вдова в Глухове, Немирове, Чернигове и других городах. Будет, сердечная, выбегать всякий день на базар, хватаясь за всех проходящих, распознавая каждого из них в очи, нет ли между их одного, милейшего всех. Но много пройдет через город всякого войска, и вечно не будет между ними одного, милейшего всех.

Так, как будто и не бывало половины Незамайковского куреня! Как градом выбивает вдруг всю ниву, где, что полновесный червонец, красовался всякий колос, так их выбило и положило.

Как же вскинулись козаки! Как схватились все! Как закипел куренной атаман Кукубенко, увидевши, что лучшей половины куреня его нет! Разом вбился он с остальными своими незамайковцами в самую середину. В гневе иссек в капусту первого попавшегося, многих конников сбил с коней, доставши копьем и конника и коня, пробрался к пушкарям и уже отбил одну пушку. А уж там, видит, хлопочет уманский куренной атаман и Степан Гуска уже отбивает главную пушку. Оставил он тех козаков и поворотил с своими в другую неприятельскую гущу. Так, где прошли незамайковцы — так там и улица, где поворотились — так уж там и переулок! Так и видно, как редели ряды и снопами валились ляхи! А у самых возов Вовтузенко, а спереди Черевиченко, а у дальних возов Дёгтяренко, а за ним куренной атаман Вертыхвист. Двух уже шляхтичей поднял на копье Дёгтяренко, да напал наконец на неподатливого третьего. Увертлив и крепок был лях, пышной сбруей украшен и пятьдесят одних слуг привел с собою. Согнул он крепко Дёгтяренка, сбил его на землю и уже, замахнувшись на него саблей, кричал: "Нет из вас, собак-козаков, ни одного, кто бы посмел противустать мне!"

"А вот есть же!" — сказал и выступил вперед Мосий Шило. Сильный был он козак, не раз атаманствовал на море и много натерпелся всяких бед. Схватили их турки у самого Трапезонта и всех забрали невольниками на галеры, взяли их по рукам и ногам в железные цепи, не давали по целым неделям пшена и поили противной морской водою. Все выносили и вытерпели бедные невольники, лишь бы не переменять православной веры. Не вытерпел атаман Мосий Шило, истоптал ногами святой закон, скверною чалмой обвил грешную голову, вошел в доверенность к паше, стал ключником на корабле и старшим над всеми невольниками. Много опечалились оттого бедные невольники, ибо знали, что если свой продаст веру и пристанет к угнетателям, то тяжелей и горше быть под его рукой, чем под всяким другим нехристом. Так и сбылось. Всех посадил Мосий Шило в новые цепи по три в ряд, прикрутил им до самых белых костей жестокие веревки; всех перебил по шеям, угощая подзатыльниками. И когда турки, обрадовавшись, что достали себе такого слугу, стали пировать и, позабыв закон свой, все перепились, он принес все шестьдесят четыре ключа и роздал невольникам, чтобы отмыкали себя, бросали бы цепи и кандалы в море, а брали бы наместо того сабли да рубили турков. Много тогда набрали козаки добычи и воротились со славою в отчизну, и долго бандуристы прославляли Мосия Шила. Выбрали бы его в кошевые, да был совсем чудной козак. Иной раз повершал такое дело, какого мудрейшему не придумать, а в другой — просто дурь одолевала козака. Пропил он и прогулял все, всем задолжал на Сечи и, в прибавку к тому, прокрался, как уличный вор: ночью утащил из чужого куреня всю козацкую сбрую и заложил шинкарю. За такое позорное дело привязали его на базаре к столбу и положили возле дубину, чтобы всякий по мере сил своих отвесил ему по удару. Но не нашлось такого из всех запорожцев, кто бы поднял на него дубину, помня прежние его заслуги. Таков был козак Мосий Шило.

"Так есть же такие, которые бьют вас, собак!" — сказал он, ринувшись на него. И уж так-то рубились они! И наплечники и зерцала погнулись у обоих от ударов. Разрубил на нем вражий лях железную рубашку, достав лезвеем самого тела: зачервонела козацкая рубашка. Но не поглядел на то Шило, а замахнулся всей жилистой рукою (тяжела была коренастая рука) и оглушил его внезапно по голове. Разлетелась медная шапка, зашатался и грянулся лях, а Шило принялся рубить и крестить оглушенного. Не добивай, козак, врага, а лучше поворотись назад! Не поворотился козак назад, и тут же один из слуг убитого хватил его ножом в шею. Поворотился Шило и уж достал было смельчака, но он пропал в пороховом дыме. Со всех сторон поднялось хлопанье из самопалов. Пошатнулся Шило и почуял, что рана была смертельна. Упал он, наложил руку на свою рану и сказал, обратившись к товарищам: "Прощайте, паныбратья, товарищи! Пусть же стоит на вечные времена православная Русская земля и будет ей вечная честь!" И зажмурил ослабшие свои очи, и вынеслась козацкая душа из сурового тела. А там уже выезжал Задорожний с своими, ломил ряды куренной Вертыхвист и выступал Балаган.

— А что, паны? — сказал Тарас, перекликнувшись с куренными. — Есть еще порох в пороховницах? Не ослабела ли козацкая сила? Не гнутся ли козаки?

— Есть еще, батько, порох в пороховницах. Не ослабела еще козацкая сила; еще не гнутся козаки!

И наперли сильно козаки: совсем смешали все ряды. Низкорослый полковник ударил сбор и велел выкинуть восемь малеванных знамен, чтобы собрать своих, рассыпавшихся далеко по всему полю. Все бежали ляхи к знаменам; но не успели они еще выстроиться, как уже куренной атаман Кукубенко ударил вновь с своими незамайковцами в середину и напал прямо на толстопузого полковника. Не выдержал полковник и, поворотив коня, пустился вскачь; а Кукубенко далеко гнал его через все поле, не дав ему соединиться с полком. Завидев то с бокового куреня, Степан Гуска пустился ему навпереймы, с арканом в руке, всю пригнувши голову к лошадиной шее, и, улучивши время, с одного раза накинул аркан ему на шею. Весь побагровел полковник, ухватясь за веревку обеими руками и силясь разорвать ее, но уже дюжий размах вогнал ему в самый живот гибельную пику. Там и остался он, пригвожденный к земле. Но несдобровать и Гуске! Не успели оглянуться козаки, как уже увидели Степана Гуску, поднятого на четыре копья. Только и успел-сказать бедняк: "Пусть же пропадут все враги и ликует вечные веки Русская земля!" И там же испустил дух свой.

Оглянулись козаки, а уж там, сбоку, козак Метелыця угощает ляхов, шеломя того и другого; а уж там, с другого, напирает с своими атаман Невылычкий; а у возов ворочает врага и бьется Закрутыгуба; а у дальних возов третий Пысаренко отогнал уже целую ватагу. А уж там, у других возов, схватились и бьются на самых возах.

— Что, паны? — перекликнулся атаман Тарас, проехавши впереди всех. — Есть ли еще порох в пороховницах? Крепка ли еще козацкая сила? Не гнутся ли еще козаки?

— Есть еще, батько, порох в пороховницах; еще крепка козацкая сила; еще не гнутся козаки!

А уж упал с воза Бовдюг. Прямо под самое сердце пришлась ему пуля, но собрал старый весь дух свой и сказал: "Не жаль расстаться с светом. Дай бог и всякому такой кончины! Пусть же славится до конца века Русская земля!" И понеслась к вышинам Бовдюгова душа рассказать давно отошедшим старцам, как умеют биться на Русской земле и, еще лучше того, как умеют умирать в ней за святую веру.

Балабан, куренной атаман, скоро после него грянулся также на землю. Три смертельные раны достались ему: от копья, от пули и от тяжелого палаша. А был один из доблестнейших козаков; много совершил он под своим атаманством морских походов, но славнее всех был поход к анатольским берегам. Много набрали они тогда цехинов, дорогой турецкой габы,[34] киндяков[35] и всяких убранств, но

---

[34] белое турецкое сукно.

мыкнули горе на обратном пути: попались, сердечные, под турецкие ядра. Как хватило их с корабля — половина челнов закружилась и перевернулась, потопивши не одного в воду, но привязанные к бокам камыши спасли челны от потопления. Балабан отплыл на всех веслах, стал прямо к солнцу и через то сделался невиден турецкому кораблю. Всю ночь потом черпаками и шапками выбирали они воду, латая пробитые места; из козацких штанов нарезали парусов, понеслись и убежали от быстрейшего турецкого корабля. И мало того что прибыли безбедно на Сечу, привезли еще златошвейную ризу архимандриту Межигорского киевского монастыря и на Покров, что на Запорожье, оклад из чистого серебра. И славили долго потом бандуристы удачливость козаков. Поникнул он теперь головою, почуяв предсмертные муки, и тихо сказал: "Сдается мне, паны-браты, умираю хорошею смертью: семерых изрубил, девятерых копьем исколол. Истоптал конем вдоволь, а уж не припомню, скольких достал пулею. Пусть же цветет вечно Русская земля!.." И отлетела его душа.

Козаки, козаки! не выдавайте лучшего цвета вашего войска! Уже обступили Кукубенка, уже семь человек только осталось изо всего Незамайковского куреня; уже и те отбиваются через силу; уже окровавилась на нем одежда. Сам Тарас, увидя беду его, поспешил на выручку. Но поздно подоспели козаки: уже успело ему углубиться под сердце копье прежде, чем были отогнаны обступившие его враги. Тихо склонился он на руки подхватившим его козакам, и хлынула ручьем молодая кровь, подобно дорогому вину, которое несли в склянном сосуде из погреба неосторожные слуги, поскользнулись тут же у входа и разбили дорогую сулею: все разлилось на землю вино, и схватил себя за голову прибежавший хозяин, сберегавший его про лучший случай в жизни, чтобы если приведет бог на старости лет встретиться с товарищем юности, то чтобы помянуть бы вместе с ним прежнее, иное время, когда иначе и лучше веселился человек... Повел Кукубенко вокруг себя очами

---

[35] ткань.

и проговорил: "Благодарю бога, что довелось мне умереть при глазах ваших, товарищи! Пусть же после нас живут еще лучшие, чем мы, и красуется вечно любимая Христом Русская земля!" И вылетела молодая душа. Подняли ее ангелы под руки и понесли к небесам. Хорошо будет ему там. "Садись, Кукубенко, одесную меня! — скажет ему Христос, — ты не изменил товариществу, бесчестного дела не сделал, не выдал в беде человека, хранил и сберегал мою церковь". Всех опечалила смерть Кукубенка. Уже редели сильно козацкие ряды; многих, многих храбрых уже недосчитывались; но стояли и держались еще козаки.

— А что, паны? — перекликнулся Тарас с оставшимися куренями. — Есть ли еще порох в пороховницах? Не иступились ли сабли? Не утомилась ли козацкая сила? Не погнулись ли козаки?

— Достанет еще, батько, пороху! Годятся еще сабли; не утомилась козацкая сила; не погнулись еще козаки!

И рванулись снова козаки так, как бы и потерь никаких не потерпели. Уже три только куренных атамана осталось в живых. Червонели уже всюду красные реки; высоко гатились мосты из козацких и вражьих тел. Взглянул Тарас на небо, а уж по небу потянулась вереница кречетов. Ну, будет кому-то пожива! А уж там подняли на копье Метелыцю. Уже голова другого Пысаренка, завертевшись, захлопала очами. Уже подломился и бухнулся о землю начетверо изрубленный Охрим Гуска. "Ну!" — сказал Тарас и махнул платком. Понял тот знак Остап и ударил сильно, вырвавшись из засады, в конницу. Не выдержали сильного напору ляхи, а он их гнал и нагнал прямо на место, где были убиты в землю копья и обломки копьев. Пошли спотыкаться и падать кони и лететь через их головы ляхи. А в это время корсунцы, стоявшие последние за возами, увидевши, что уже достанет ружейная пуля, грянули вдруг из самопалов. Все сбились и растерялись ляхи, и приободрились козаки. "Вот и наша победа!" — раздались со всех сторон запорожские голоса, затрубили в трубы и выкинули победную хоругвь. Везде бежали и крылись разбитые ляхи. "Ну, нет, еще не совсем победа!" — сказал Тарас, глядя на городские ворота, и сказал он правду.

Отворились ворота, и вылетел оттуда гусарский полк, краса всех конных полков. Под всеми всадниками были все как один бурые аргамаки. Впереди других понесся витязь всех бойчее, всех красивее. Так и летели черные волосы из-под медной его шапки; вился завязанный на руке дорогой шарф, шитый руками первой красавицы. Так и оторопел Тарас, когда увидел, что это был Андрий. А он между тем, объятый пылом и жаром битвы, жадный заслужить навязанный на руку подарок, понесся, как молодой борзой пес, красивейший, быстрейший и молодший всех в стае. Атукнул на него опытный охотник — и он понесся, пустив прямой чертой по воздуху свои ноги, весь покосившись набок всем телом, взрывая снег и десять раз выпереживая самого зайца в жару своего бега. Остановился старый Тарас и глядел на то, как он чистил перед собою дорогу, разгонял, рубил и сыпал удары направо и налево. Не вытерпел Тарас и закричал: "Как?.. Своих?.. Своих, чертов сын, своих бьешь?.." Но Андрий не различал, кто пред ним был, свои или другие какие; ничего не видел он. Кудри, кудри он видел, длинные, длинные кудри, и подобную речному лебедю грудь, и снежную шею, и плечи, и все, что создано для безумных поцелуев.

"Эй, хлопьята! заманите мне только его к лесу, заманите мне только его!" — кричал Тарас. И вызвалось тот же час тридцать быстрейших козаков заманить его. И, поправив на себе высокие шапки, тут же пустились на конях прямо наперерез гусарам. Ударили сбоку на передних, сбили их, отделили от задних, дали по гостинцу тому и другому, а Голокопытенко хватил плашмя по спине Андрия, и в тот же час пустились бежать от них, сколько достало козацкой мочи. Как вскинулся Андрий! Как забунтовала по всем жилкам молодая кровь! Ударив острыми шпорами коня, во весь дух полетел он за козаками, не глядя назад, не видя, что позади всего только двадцать человек успело поспевать за ним. А козаки летели во всю прыть на конях и прямо поворотили к лесу. Разогнался на коне Андрий и чуть было уже не настигнул Голокопытенка, как вдруг чья-то сильная рука ухватила за повод его коня. Оглянулся Андрий: пред ним Тарас! Затрясся он всем телом и вдруг стал бледен...

Так школьник, неосторожно задравши своего товарища и получивши за то от него удар линейкою по лбу, вспыхивает, как огонь, бешеный выскакивает из лавки и гонится за испуганным товарищем своим, готовый разорвать его на части; и вдруг наталкивается на входящего в класс учителя: вмиг притихает бешеный порыв и упадает бессильная ярость. Подобно ему, в один миг пропал, как бы не бывал вовсе, гнев Андрия. И видел он перед собою одного только страшного отца.

— Ну, что ж теперь мы будем делать? — сказал Тарас, смотря прямо ему в очи.

Но ничего не знал на то сказать Андрий и стоял, утупивши в землю очи.

— Что, сынку, помогли тебе твои ляхи?

Андрий был безответен.

— Так продать? продать веру? продать своих? Стой же, слезай с коня!

Покорно, как ребенок, слез он с коня и остановился ни жив ни мертв перед Тарасом.

— Стой и не шевелись! Я тебя породил, я тебя и убью! — сказал Тарас и, отступивши шаг назад, снял с плеча ружье.

Бледен как полотно был Андрий; видно было, как тихо шевелились уста его и как он произносил чье-то имя; но это не было имя отчизны, или матери, или братьев — это было имя прекрасной полячки. Тарас выстрелил.

Как хлебный колос, подрезанный серпом, как молодой барашек, почуявший под сердцем смертельное железо, повис он головой и повалился на траву, не сказавши ни одного слова.

Остановился сыноубийца и глядел долго на бездыханный труп. Он был и мертвый прекрасен: мужественное лицо его, недавно исполненное силы и непобедимого для жен очарованья, все еще выражало чудную красоту; черные брови, как траурный бархат, оттеняли его побледневшие черты.

— Чем бы не козак был? — сказал Тарас, — и станом

высокий, и чернобровый, и лицо как у дворянина, и рука была крепка в бою! Пропал, пропал бесславно, как подлая собака!

— Батько, что ты сделал? Это ты убил его? — сказал подъехавший в это время Остап.

Тарас кивнул головою.

Пристально поглядел мертвому в очи Остап. Жалко ему стало брата, и проговорил он тут же:

— Предадим же, батько, его честно земле, чтобы не поругались над ним враги и не растаскали бы его тела хищные птицы.

— Погребут его и без нас! — сказал Тарас, — будут у него плакальщики и утешницы!

И минуты две думал он, кинуть ли его на расхищенье волкам-сыромахам или пощадить в нем рыцарскую доблесть, которую храбрый должен уважать в ком бы то ни было. Как видит, скачет к нему на коне Голокопытенко:

— Беда, атаман, окрепли ляхи, прибыла на подмогу свежая сила!..

Не успел сказать Голокопытенко, скачет Вовтузенко:

— Беда, атаман, новая валит еще сила!..

Не успел сказать Вовтузенко, Пысаренко бежит бегом, уже без коня:

— Где ты, батьку? Ищут тебя козаки. Уж убит куренной атаман Невылычкий, Задорожний убит, Черевиченко убит. Но стоят козаки, не хотят умирать, не увидев тебя в очи; хотят, чтобы взглянул ты на них перед смертным часом!

— На коня, Остап! — сказал Тарас и спешил, чтобы застать еще козаков, чтобы поглядеть еще на них и чтобы они взглянули перед смертью на своего атамана.

Но не выехали они еще из лесу, а уж неприятельская сила окружила со всех сторон лес, и меж деревьями везде показались всадники с саблями и копьями. "Остап!.. Остап, не поддавайся!.." — кричал Тарас, а сам, схвативши саблю наголо, начал честить первых попавшихся на все боки. А на Остапа уже наскочило вдруг шестеро; но не в добрый час, видно, наскочило: с одного полетела голова, другой перевернулся, отступивши; угодило копьем в ребро третьего; четвертый был поотважней, уклонился головой от пули, и попала в конскую грудь горячая пуля, — вздыбился бешеный конь, грянулся о землю и задавил под собою всадника. "Добре, сынку!.. Добре, Остап!.. — кричал Тарас. — Вот я следом за тобою!.." А сам все отбивался от наступавших. Рубится и бьется Тарас, сыплет гостинцы тому и другому на голову, а сам глядит все вперед на Остапа и видит, что уже вновь схватилось с Остапом мало не восьмеро разом. "Остап!.. Остап, не поддавайся!.." Но уж одолевают Остапа; уже один накинул ему на шею аркан, уже вяжут, уже берут Остапа. "Эх, Остап, Остап!.. — кричал Тарас, пробиваясь к нему, рубя в капусту встречных и поперечных. — Эх, Остап, Остап!.." Но как тяжелым камнем хватило его самого в ту же минуту. Все закружилось и перевернулось в глазах его. На миг смешанно сверкнули пред ним головы, копья, дым, блески огня, сучья с древесными листьями, мелькнувшие ему в самые очи. И грохнулся он, как подрубленный дуб, на землю. И туман покрыл его очи.

# X

— Долго же я спал! — сказал Тарас, очнувшись, как после трудного хмельного сна, и стараясь распознать окружавшие его предметы. Страшная слабость одолевала его члены. Едва метались пред ним стены и углы незнакомой светлицы. Наконец заметил он, что пред ним сидел Товкач, и, казалось, прислушивался но всякому его дыханию.

"Да, — подумал про себя Товкач, — заснул бы ты, может быть, и навеки!" Но ничего не сказал, погрозил пальцем и дал знак молчать.

— Да скажи же мне, где я теперь? — спросил опять Тарас, напрягая ум и стараясь припомнить бывшее.

— Молчи ж! — прикрикнул сурово на него товарищ. — Чего тебе еще хочется знать? Разве ты не видишь, что весь изрублен? Уж две недели как мы с тобою скачем не переводя духу и как ты в горячке и жару несешь и городишь чепуху. Вот в первый раз заснул покойно. Молчи ж, если не хочешь нанести сам себе беду.

Но Тарас все старался и силился собрать свои мысли и припомнить бывшее.

— Да ведь меня же схватили и окружили было совсем ляхи? Мне ж не было никакой возможности выбиться из толпы?

— Молчи ж, говорят тебе, чертова детина! — закричал Товкач сердито, как нянька, выведенная из терпенья, кричит неугомонному повесе-ребенку. — Что пользы знать тебе, как выбрался? Довольно того, что выбрался. Нашлись люди, которые тебя не выдали, — ну, и будет с тебя! Нам еще немало ночей скакать вместе. Ты думаешь, что пошел за простого козака? Нет, твою голову оценили в две тысячи червонных.

— А Остап? — вскрикнул вдруг Тарас, понатужился приподняться и вдруг вспомнил, как Остапа схватили и связали в глазах его и что он теперь уже в ляшских руках.

И обняло горе старую голову. Сорвал и сдернул он все перевязки ран своих, бросил их далеко прочь, хотел громко что-то сказать — и вместо того понес чепуху; жар и бред вновь овладели им, и понеслись без толку и связи безумные речи.

А между тем верный товарищ стоял пред ним, бранясь и рассыпая без счету жестокие уморительные слова и упреки. Наконец схватил он его за ноги и руки, спеленал, как ребенка, поправил все перевязки, увернул его в воловью кожу, увязал в лубки и, прикрепивши веревками к седлу, помчался вновь с ним в дорогу.

— Хоть неживого, да довезу тебя! Не попущу, чтобы ляхи поглумились над твоей козацкою породою, на куски рвали бы твое тело да бросали его в воду. Пусть же хоть и будет орел высмыкать из твоего лба очи, да пусть же степовой наш орел, а не ляшский, не тот, что прилетает из польской земли. Хоть неживого, а довезу тебя до Украйны!

Там говорил верный товарищ. Скакал без отдыху дни и ночи и привез его, бесчувственного, в самую Запорожскую Сечь. Там принялся он лечить его неутомимо травами и смачиваньями; нашел какую-то знающую жидовку, которая месяц поила его разными снадобьями, и наконец Тарасу стало лучше. Лекарства ли или своя железная сила взяла верх, только он через полтора месяца стал на ноги; раны зажили, и только одни сабельные рубцы давали знать, как глубоко когда-то был ранен старый козак. Однако же заметно стал он пасмурен и печален. Три тяжелые морщины насунулись на лоб его и уже больше никогда не сходили с него. Оглянулся он теперь вокруг себя: все новое на Сечи, все перемерли старые товарищи. Ни одного из тех, которые стояли за правое дело, за веру и братство. И те, которые отправились с кошевым в угон за татарами, и тех уже не было давно: все положили головы, все сгибли — кто положив на самом бою честную голову, кто от безводья и бесхлебья среди крымских солончаков, кто в плену пропал, не вынесши позора; и самого прежнего кошевого уже давно не было на свете, и никого из старых товарищей; и уже давно поросла травою когда-то кипевшая козацкая сила. Слышал он только, что был пир, сильный, шумный пир: вся перебита вдребезги посуда; нигде не осталось вина ни капли, расхитили гости и слуги все дорогие кубки и сосуды, — и смутный стоит хозяин дома, думая:"Лучше б и не было того пира". Напрасно старались занять и развеселить Тараса; напрасно бородатые, седые бандуристы, проходя по два и по три, расславляли его козацкие подвиги. Сурово и равнодушно глядел он на все, и на неподвижном лице его выступала неугасимая горесть, и, тихо понурив голову, говорил он: "Сын мой! Остап мой!"

Запорожцы собирались на морскую экспедицию. Двести челнов спущены были в Днепр, и Малая Азия видела их, с бритыми головами и длинными чубами, предававшими мечу и огню цветущие берега ее; видела чалмы своих магометанских обитателей раскиданными, подобно ее бесчисленным цветам, на смоченных кровию полях и плававшими у берегов. Она видела немало запачканных дегтем запорожских шаровар, мускулистых рук с черными нагайками. Запорожцы переели и переломали весь виноград; в мечетях оставили целые кучи навозу; персидские дорогие шали употребляли вместо очкуров и опоясывали ими запачканные свитки. Долго еще после находили в тех местах запорожские коротенькие люльки. Они весело плыли назад; за ними гнался десятипушечный турецкий корабль и залпом из всех орудий своих разогнал, как птиц, утлые их челны. Третья часть их потонула в морских глубинах, но остальные снова собрались вместе и прибыли к устью Днепра с двенадцатью бочонками, набитыми цехинами. Но все это уже не занимало Тараса. Он уходил в луга и степи, будто бы за охотою, но заряд его оставался невыстрелянным. И, положив ружье, полный тоски, садился он на морской берег. Долго сидел он там, понурив голову и все говоря: "Остап мой! Остап мой!" Перед ним сверкало и расстилалось Черное море; в дальнем тростнике кричала чайка; белый ус его серебрился, и слеза капала одна за другою.

И не выдержал наконец Тарас. "Что бы ни было, пойду разведать, что он: жив ли он? в могиле? или уже и в самой могиле нет его? Разведаю во что бы то ни стало!" И через неделю уже очутился он в городе Умани, вооруженный, на коне, с копьем, саблей, дорожной баклагой у седла, походным горшком с саламатой, пороховыми патронами, лошадиными путами и прочим снарядом. Он прямо подъехал к нечистому, запачканному домишке, у которого небольшие окошки едва были видны, закопченные неизвестно чем; труба заткнута была тряпкою, и дырявая крыша вся была покрыта воробьями. Куча всякого сору лежала пред самыми дверьми. Из окна выглядывала голова жидовки, в чепце с потемневшими жемчугами.

— Муж дома? — сказал Бульба, слезая с коня и привязывая повод к железному крючку, бывшему у самых дверей.

— Дома, — сказала жидовка и поспешила тот же час выйти с пшеницей в корчике[36] для коня и стопой пива для рыцаря.

— Где же твой жид?

— Он в другой светлице молится, — проговорила жидовка, кланяясь и пожелав здоровья в то время, когда Бульба поднес к губам стопу.

---

[36] ковш.

— Оставайся здесь, накорми и напои моего коня, а я пойду поговорю с ним один. У меня до него дело.

Этот жид был известный Янкель. Он уже очутился тут арендатором и корчмарем; прибрал понемногу всех окружных панов и шляхтичей в свои руки, высосал понемногу почти все деньги и сильно означил свое жидовское присутствие в той стране. На расстоянии трех миль во все стороны не оставалось ни одной избы в порядке: все валилось и дряхлело, все пораспивалось, и осталась бедность да лохмотья; как после пожара или чумы, выветрился весь край. И если бы десять лет еще пожил там Янкель, то он, вероятно, выветрил бы и все воеводство. Тарас вошел в светлицу. Жид молился, накрывшись своим довольно запачканным саваном, и оборотился, чтобы в последний раз плюнуть, по обычаю своей веры, как вдруг глаза его встретили стоявшего напади Бульбу. Так и бросились жиду прежде всего в глаза две тысячи червонных, которые были обещаны за его голову; но он постыдился своей корысти и силился подавить в себе вечную мысль о золоте, которая, как червь, обвивает душу жида.

— Слушай, Янкель! — сказал Тарас жиду, который начал перед ним кланяться и запер осторожно дверь, чтобы их не видели. — Я спас твою жизнь, — тебя бы разорвали, как собаку, запорожцы; теперь твоя очередь, теперь сделай мне услугу!

Лицо жида несколько поморщилось.

— Какую услугу? Если такая услуга, что можно сделать, то для чего не сделать?

— Не говори ничего. Вези меня в Варшаву.

— В Варшаву? Как в Варшаву? — сказал Янкель. Брови и плечи его поднялись вверх от изумления.

— Не говори мне ничего. Вези меня в Варшаву. Что бы ни было, а я хочу еще раз увидеть его, сказать ему хоть одно слово.

— Кому сказать слово?

— Ему, Остапу, сыну моему.

— Разве пан не слышал, что уже...

— Знаю, знаю все: за мою голову дают две тысячи червонных. Знают же, они, дурни, цену ей! Я тебе пять тысяч дам. Вот тебе две тысячи сейчас, — Бульба высыпал из кожаного гамана[37] две тысячи червонных, — а остальные — как ворочусь.

Жид тотчас схватил полотенце и накрыл им червонцы.

— Ай, славная монета! Ай, добрая монета! — говорил он, вертя один червонец в руках и пробуя на зубах. — Я думаю, тот человек, у которого пан обобрал такие хорошие червонцы, и часу не прожил на свете, пошел тот же час в реку, да и утонул там после таких славных червонцев.

— Я бы не просил тебя. Я бы сам, может быть, нашел дорогу в Варшаву; но меня могут как-нибудь узнать и захватить проклятые ляхи, ибо я не горазд на выдумки. А вы, жиды, на то уже и созданы. Вы хоть черта проведете; вы знаете все штуки; вот для чего я пришел к тебе! Да и в Варшаве я бы сам собою ничего не получил. Сейчас запрягай воз и вези меня!

— А пан думает, что так прямо взял кобылу, запряг, да и "эй, ну пошел, сивка!". Думает пан, что можно так, как есть, не спрятавши, везти пана?

— Ну, так прятай, прятай как знаешь; в порожнюю бочку, что ли?

— Ай, ай! А пан думает, разве можно спрятать его в бочку? Пан разве не знает, что всякий подумает, что в бочке горелка?

— Ну, так и пусть думает, что горелка.

— Как пусть думает, что горелка? — сказал жид и схватил себя обеими руками за пейсики и потом поднял кверху обе руки.

— Ну, что же ты так оторопел?

— А пан разве не знает, что бог на то создал горелку, чтобы ее всякий пробовал! Там всё лакомки, ласуны: шляхтич будет бежать верст пять за бочкой, продолбит как раз дырочку, тотчас увидит, что не течет, и скажет: "Жид не повезет порожнюю бочку; верно, тут есть что-нибудь. Схватить жида, связать жида, отобрать все деньги у жида, посадить в тюрьму жида!" Потому что все, что ни есть недоброго, все валится на жида; потому что жида всякий принимает за собаку; потому что думают, уж и не человек, коли жид.

---

[37] кошелек, бумажник.

— Ну, так положи меня в воз с рыбою!

— Не можно, пан; ей-богу, не можно. По всей Польше люди голодны теперь, как собаки: и рыбу раскрадут, и пана нащупают.

— Так вези меня хоть на черте, только вези!

— Слушай, слушай, пан! — сказал жид, посунувши обшлага рукавов своих и подходя к нему с растопыренными руками. — Вот что мы сделаем. Теперь строят везде крепости и замки; из Неметчины приехали французские инженеры, а потому по дорогам везут много кирпичу и камней. Пан пусть ляжет на дне воза, а верх я закладу кирпичом. Пан здоровый и крепкий с виду, и потому ему ничего, коли будет тяжеленько; а я сделаю в возу снизу дырочку, чтобы кормить пана.

— Делай как хочешь, только вези!

И через час воз с кирпичом выехал из Умани, запряженный в две клячи. На одной из них сидел высокий Янкель, и длинные курчавые пейсики его развевались из-под жидовского яломка по мере того, как он подпрыгивал на лошади, длинный, как верста, поставленная на дороге.

# XI

В то время, когда происходило описываемое событие, на пограничных местах не было еще никаких таможенных чиновников и объездчиков, этой страшной грозы предприимчивых людей, и потому всякий мог везти, что ему вздумалось. Если же кто и производил обыск и ревизовку, то делал это большею частию для своего собственного удовольствия, особливо если на возу находились заманчивые для глаз предметы и если его собственная рука имела порядочный вес и тяжесть. Но кирпич не находил охотников и въехал беспрепятственно в главные городские ворота. Бульба в своей тесной клетке мог только слышать шум, крики возниц и больше ничего. Янкель, подпрыгивая на своем коротком, запачканном пылью рысаке, поворотил, сделавши несколько кругов, в темную узенькую улицу, носившую название Грязной и вместе Жидовской, потому что здесь действительно находились жиды почти со всей Варшавы. Эта улица чрезвычайно походила на вывороченную внутренность заднего двора. Солнце, казалось, не заходило сюда вовсе. Совершенно почерневшие деревянные домы, со множеством протянутых из окон жердей, увеличивали еще более мрак. Изредка краснела между ними кирпичная стена, но и та уже во многих местах превращалась совершенно в черную. Иногда только вверху ощекатуренный кусок стены, обхваченный солнцем, блистал нестерпимою для глаз белизною. Тут все состояло из сильных резкостей: трубы, тряпки, шелуха, выброшенные разбитые чаны. Всякий, что только было у него негодного, швырял на улицу, доставляя прохожим возможные удобства питать все чувства свои этою дрянью. Сидящий на коне всадник чуть-чуть не доставал рукою жердей, протянутых через улицу из одного дома в другой, на которых висели жидовские чулки, коротенькие панталонцы и копченый гусь. Иногда довольно смазливенькое личико еврейки, убранное потемневшими бусами, выглядывало из ветхого окошка. Куча жиденков, запачканных, оборванных, с курчавыми волосами, кричала и валялась в грязи. Рыжий жид, с веснушками по всему лицу, делавшими его похожим на воробьиное яйцо, выглянул из окна, тотчас заговорил с Янкелем на своем тарабарском наречии, и Янкель тотчас въехал в один двор. По улице шел другой жид, остановился, вступил тоже в разговор, и когда Бульба выкарабкался наконец из-под кирпича, он увидел трех жидов, говоривших с большим жаром.

Янкель обратился к нему и сказал, что все будет сделано, что его Остап сидит в городской темнице, и хотя трудно уговорить стражей, но, однако ж, он надеется доставить ему свидание.

Бульба вошел с тремя жидами в комнату.

Жиды начали опять говорить между собою на своем непонятном языке. Тарас поглядывал на каждого из них. Что-то, казалось, сильно потрясло его: на грубом и равнодушном лице его вспыхнуло какое-то сокрушительное пламя надежды — надежды той, которая посещает иногда человека в последнем градусе отчаяния; старое сердце его начало сильно биться, как будто у юноши.

— Слушайте, жиды! — сказал он, и в словах его было что-то восторженное. — Вы всё на свете можете сделать, выкопаете хоть из дна морского; и пословица давно уже говорит, что жид самого себя украдет, когда только захочет украсть. Освободите мне моего Остапа! Дайте случай убежать ему от дьявольских рук. Вот я этому человеку обещал двенадцать тысяч червонных, — я прибавляю еще двенадцать. Все, какие у меня есть, дорогие кубки и закопанное в земле золото, хату и последнюю одежду продам и заключу с вами контракт на всю жизнь, с тем чтобы все, что ни добуду на войне, делить с вами пополам.

— О, не можно любезный пан, не можно! — сказал со вздохом Янкель.

— Нет, не можно! — сказал другой жид.

Все три жида взглянули один на другого.

— А попробовать? — сказал третий, боязливо поглядывая на двух других, — может быть, бог даст.

Все три жида заговорили по-немецки. Бульба, как ни наострял свой слух, ничего не мог отгадать; он слышал только часто произносимое слово "Мардохай", и больше ничего.

— Слушай, пан! — сказал Янкель, — нужно посоветоваться с таким человеком, какого еще никогда не было на свете. У-у! то такой мудрый, как Соломон; и когда он ничего не сделает, то уж никто на свете не сделает. Сиди тут; вот ключ, и не впускай никого!

Жиды вышли на улицу.

Тарас запер дверь и смотрел в маленькое окошечко на этот грязный жидовский проспект. Три жида остановились посредине улицы и стали говорить довольно азартно; к ним присоединился скоро четвертый, наконец, и пятый. Он слышал опять повторяемое: "Мардохай, Мардохай". Жиды беспрестанно посматривали в одну сторону улицы; наконец в конце ее из-за одного дрянного дома показалась нога в жидовском башмаке и замелькали фалды полукафтанья. "А, Мардохай, Мардохай!" — закричали все жиды в один голос. Тощий жид, несколько короче Янкеля, но гораздо более покрытый морщинами, с преогромною верхнею губою, приблизился к нетерпеливой толпе, и все жиды наперерыв спешили рассказать ему, причем Мардохай несколько раз поглядывал на маленькое окошечко, и Тарас догадывался, что речь шла о нем. Мардохай размахивал руками, слушал, перебивал речь, часто плевал на сторону и, подымая фалды полукафтанья, засовывал в карман руку и вынимал какие-то побрякушки, причем показывал прескверные свои панталоны. Наконец все жиды подняли такой крик, что жид, стоявший на стороже, должен был дать знак к молчанию, и Тарас уже начал опасаться за свою безопасность, но, вспомнивши, что жиды не могут иначе рассуждать, как на улице, и что их языка сам демон не поймет, он успокоился.

Минуты две спустя жиды вместе вошли в его комнату. Мардохай приблизился к Тарасу, потрепал его по плечу и сказал: "Когда мы да бог захочем сделать, то уже будет так, как нужно".

Тарас поглядел на этого Соломона, какого еще не было на свете, и получил некоторую надежду. Действительно, вид его мог внушить некоторое доверие: верхняя губа у него была просто страшилище; толщина ее, без сомнения, увеличилась от посторонних причин. В бороде у этого Соломона было только пятнадцать волосков, и то на левой стороне. На лице у Соломона было столько знаков побоев, полученных за удальство, что он, без сомнения, давно потерял счет им и привык их считать за родимые пятна.

Мардохай ушел вместе с товарищами, исполненными удивления к его мудрости. Бульба остался один. Он был в странном, небывалом положении: он чувствовал в первый раз в жизни беспокойство. Душа его была в лихорадочном состоянии. Он не был тот прежний, непреклонный, неколебимый, крепкий как дуб; он был малодушен; он был теперь слаб. Он вздрагивал при каждом шорохе, при каждой новой жидовской фигуре, показывавшейся в конце улицы. В таком состоянии пробыл он, наконец, весь день; не ел, не пил, и глаза его не отрывались ни на час от небольшого окошка на

108

улицу. Наконец уже ввечеру поздно показался Мардохай и Янкель. Сердце Тараса замерло.

— Что? удачно? — спросил он их с нетерпением дикого коня.

Но прежде еще, нежели жиды собрались с духом отвечать, Тарас заметил, что у Мардохая уже не было последнего локона, который хотя довольно неопрятно, но все же вился кольцами из-под яломка его. Заметно было, что он хотел что-то сказать, но наговорил такую дрянь, что Тарас ничего не понял. Да и сам Янкель прикладывал очень часто руку во рту, как будто бы страдал простудою.

— О, любезный пан! — сказал Янкель, — теперь совсем не можно! Ей-богу, не можно! Такой нехороший народ, что ему надо на самую голову наплевать. Вот и Мардохай скажет. Мардохай делал такое, какого еще не делал ни один человек на свете; но бог не захотел, чтобы так было. Три тысячи войска стоят, и завтра их всех будут казнить.

Тарас глянул в глаза жидам, но уже без нетерпения и гнева.

— А если пан хочет видеться, то завтра нужно рано, так чтобы еще и солнце не всходило. Часовые соглашаются, и один левентарь[38] обещался. Только пусть им не будет на том свете счастья! Ой, вей мир! Что это за корыстный народ! И между нами таких нет: пятьдесят червонцев я дал каждому, а левентарю...

— Хорошо. Веди меня к нему! — произнес Тарас решительно, и вся твердость возвратилась в его душу.

Он согласился на предложение Янкеля переодеться иностранным графом, приехавшим из немецкой земли, для чего платье уже успел припасти дальновидный жид. Была уже ночь. Хозяин дома, известный рыжий жид с веснушками, вытащил тощий тюфяк, накрытый какою-то рогожею, и разостлал его на лавке для Бульбы. Янкель лег на полу на таком же тюфяке. Рыжий жид выпил небольшую чарочку какой-то настойки, скинул полукафтанье и, сделавшись в своих чулках и

---

[38] начальник охраны.

башмаках несколько похожим на цыпленка, отправился с своею жидовкой во что-то похожее на шкаф. Двое жиденков, как две домашние собачки, легли на полу возле шкафа. Но Тарас не спал; он сидел неподвижен и слегка барабанил пальцами по столу; он держал во рту люльку и пускал дым, от которого жид спросонья чихал и заворачивал в одеяло свой нос. Едва небо успело тронуться бледным предвестием зари, он уже толкнул ногою Янкеля.

— Вставай, жид, и давай твою графскую одежду.

В минуту оделся он; вычернил усы, брови, надел на темя маленькую темную шапочку, — и никто бы из самых близких к нему козаков не мог узнать его. По виду ему казалось не более тридцати пяти лет. Здоровый румянец играл на его щеках, и самые рубцы придавали ему что-то повелительное. Одежда, убранная золотом, очень шла к нему.

Улицы еще спали. Ни одно меркантильное существо еще не показывалось в городе с коробкою в руках. Бульба и Янкель пришли к строению, имевшему вид сидящей цапли. Оно было низкое, широкое, огромное, почерневшее, и с одной стороны его выкидывалась, как шея аиста, длинная узкая башня, на верху которой торчал кусок крыши. Это строение отправляло множество разных должностей: тут были и казармы, и тюрьмы, и даже уголовный суд. Наши путники вошли в ворота и очутились среди пространной залы, или крытого двора. Около тысячи человек спали вместе. Прямо шла низенькая дверь, перед которой сидевшие двое часовых играли в какую-то игру, состоявшую в том, что один другого бил двумя пальцами по ладони. Они мало обратили внимания на пришедших и поворотили головы только тогда, когда Янкель сказал:

— Это мы; слышите, паны? это мы.

— Ступайте! — говорил один из них, отворяя одною рукою дверь, а другую подставляя своему товарищу для принятия от него ударов.

Они вступили в коридор, узкий и темный, который опять привел их в такую же залу с маленькими окошками вверху.

— Кто идет? — закричало несколько голосов; и Тарас

увидел порядочное количество гайдуков в полном вооружении.

— Нам никого не велено пускать.

— Это мы! — кричал Янкель. — Ей-богу, мы, ясные паны.

Но никто не хотел слушать. К счастию, в это время подошел какой-то толстяк, который по всем приметам казался начальником, потому что ругался сильнее всех.

— Пан, это ж мы, вы уже знаете нас, и пан граф еще будет благодарить.

— Пропустите, сто дьяблов чертовой матке! И больше никого не пускайте! Да саблей чтобы никто не скидал и не собачился на полу...

Продолжения красноречивого приказа уже не слышали наши путники.

— Это мы... это я... это свои! — говорил Янкель, встречаясь со всяким.

— А что, можно теперь? — спросил он одного из стражей, когда они наконец подошли к тому месту, где коридор уже оканчивался.

— Можно; только не знаю, пропустят ли вас в самую тюрьму. Теперь уже нет Яна: вместо его стоит другой, — отвечал часовой.

— Ай, ай! — произнес тихо жид. — Это скверно, любезный пан!

— Веди! — произнес упрямо Тарас.

Жид повиновался.

У дверей подземелья, оканчивавшихся кверху острием, стоял гайдук с усами в три яруса. Верхний ярус усов шел назад, другой прямо вперед, третий вниз, что делало его очень похожим на кота.

Жид съежился в три погибели и почти боком подошел к нему:

— Ваша ясновельможность! Ясновельможный пан!

— Ты, жид, это мне говоришь?

— Вам, ясновельможный пан!

— Гм... А я просто гайдук! — сказал трехъярусный усач с повеселевшими глазами.

— А я, ей-богу, думал, что это сам воевода. Ай, ай, ай!.. — при этом жид покрутил головою и расставил пальцы. — Ай, какой важный вид! Ей-богу, полковник, совсем полковник! Вот еще бы только на палец прибавить, то и полковник! Нужно бы пана посадить на жеребца, такого скорого, как муха, да и пусть муштрует полки!

Гайдук поправил нижний ярус усов своих, причем глаза его совершенно развеселились.

— Что за народ военный! — продолжал жид. — Ох, вей мир, что за народ хороший! Шнурочки, бляшечки... Так от них блестит, как от солнца; а цурки,[39] где только увидят военных... ай, ай!..

Жид опять покрутил головою.

Гайдук завил рукою верхние усы и пропустил сквозь зубы звук, несколько похожий на лошадиное ржание.

— Прошу пана оказать услугу! — произнес жид, — вот князь приехал из чужого края, хочет посмотреть на козаков. Он еще сроду не видел, что это за народ козаки.

Появление иностранных графов и баронов было в Польше довольно обыкновенно: они часто были завлекаемы единственно любопытством посмотреть этот почти полуазиатский угол Европы: Московию и Украйну они почитали уже находящимися в Азии. И потому гайдук, поклонившись довольно низко, почел приличным прибавить несколько слов от себя.

— Я не знаю, ваша ясновельможность, — говорил он, — зачем вам хочется смотреть их. Это собаки, а не люди. И вера у них такая, что никто не уважает.

— Врешь ты, чертов сын! — сказал Бульба. — Сам ты собака! Как ты смеешь говорить, что нашу веру не уважают? Это вашу еретическую веру не уважают!

— Эге-ге! — сказал гайдук. — А я знаю, приятель, ты кто: ты сам из тех, которые уже сидят у меня. Постой же, я позову сюда наших.

---

[39] девушки.

112

Тарас увидел свою неосторожность, но упрямство и досада помешали ему подумать о том, как бы исправить ее. К счастию, Янкель в ту же минуту успел подвернуться.

— Ясновельможный пан! как же можно, чтобы граф да был козак? А если бы он был козак, то где бы он достал такое платье и такой вид графский!

— Рассказывай себе!.. — И гайдук уже растворил было широкий рот свой, чтобы крикнуть.

— Ваше королевское величество! молчите, молчите, ради бога! — закричал Янкель. — Молчите! Мы уж вам за это заплатим так, как еще никогда и не видели: мы дадим вам два золотых червонца.

— Эге! Два червонца! Два червонца мне нипочем: я цирюльнику даю два червонца за то, чтобы мне только половину бороды выбрил. Сто червонных давай, жид! — Тут гайдук закрутил верхние усы. — А как не дашь ста червонных, сейчас закричу!

— И на что бы так много! — горестно сказал побледневший жид, развязывая кожаный мешок свой; но он счастлив был, что в его кошельке не было более и что гайдук далее ста не умел считать. — Пан, пан! уйдем скорее! Видите, какой тут нехороший народ! — сказал Янкель, заметивши, что гайдук перебирал на руке деньги, как бы жалея о том, что не запросил более.

— Что ж ты, чертов гайдук, — сказал Бульба, деньги взял, а показать и не думаешь? Нет, ты должен показать. Уж когда деньги получил, то ты не вправе теперь отказать.

— Ступайте, ступайте к дьяволу! а не то я сию минуту дам знать, и вас тут... Уносите ноги, говорю я вам, скорее!

— Пан! пан! пойдем! Ей-богу, пойдем! Цур им! Пусть им приснится такое, что плевать нужно, — кричал бедный Янкель.

Бульба медленно, потупив голову, оборотился и шел назад, преследуемый укорами Янкеля, которого ела грусть при мысли о даром потерянных червонцах.

— И на что бы трогать? Пусть бы, собака, бранился! То уже такой народ, что не может не браниться! Ох, вей мир, какое

113

счастие посылает бог людям! Сто червонцев за то только, что прогнал нас! А наш брат: ему и пейсики оборвут, и из морды сделают такое, что и глядеть не можно, а никто не даст ста червонных. О, боже мой! боже милосердый!

Но неудача эта гораздо более имела влияния на Бульбу; она выражалась пожирающим пламенем в его глазах.

— Пойдем! — сказал он вдруг, как бы встряхнувшись. — Пойдем на площадь. Я хочу посмотреть, как его будут мучить.

— Ой, пан! зачем ходить? Ведь нам этим не помочь уже.

— Пойдем! — упрямо сказал Бульба, и жид, как нянька, вздыхая, побрел вслед за ним.

Площадь, на которой долженствовала производиться казнь, нетрудно было отыскать: народ валил туда со всех сторон. В тогдашний грубый век это составляло одно из занимательнейших зрелищ не только для черни, но и для высших классов. Множество старух, самых набожных, множество молодых девушек и женщин, самых трусливых, которым после всю ночь грезились окровавленные трупы, которые кричали спросонья так громко, как только может крикнуть пьяный гусар, не пропускали, однако же, случая полюбопытствовать. "Ах, какое мученье!" — кричали из них многие с истерическою лихорадкою, закрывая глаза и отворачиваясь; однако же простаивали иногда довольное время. Иной, и рот разинув, и руки вытянув вперед, желал бы вскочить всем на головы, чтобы оттуда посмотреть повиднее. Из толпы узких, небольших и обыкновенных голов высовывал свое толстое лицо мясник, наблюдал весь процесс с видом знатока и разговаривал односложными словами с оружейным мастером, которого называл кумом, потому что в праздничный день напивался с ним в одном шинке. Иные рассуждали с жаром, другие даже держали пари; но большая часть была таких, которые на весь мир и на все, что ни случается в свете, смотрят, ковыряя пальцем в своем носу. На переднем плане, возле самых усачей, составлявших городовую гвардию, стоял молодой шляхтич или казавшийся шляхтичем, в военном костюме, который надел на себя решительно все, что у него ни было, так что на его квартире оставалась только изодранная

114

рубашка да старые сапоги. Две цепочки, одна сверх другой, висели у него на шее с каким-то дукатом. Он стоял с коханкою своею, Юзысею, и беспрестанно оглядывался, чтобы кто-нибудь не замарал ее шелкового платья. Он ей растолковал совершенно все, так что уже решительно не можно было ничего прибавить. "Вот это, душечка Юзыся, — говорил он, — весь народ, что вы видите, пришел затем, чтобы посмотреть, как будут казнить преступников. А вот тот, душечка, что, вы видите, держит в руках секиру и другие инструменты, — то палач, и он будет казнить. И как начнет колесовать и другие делать муки, то преступник еще будет жив; а как отрубят голову, то он, душечка, тотчас и умрет. Прежде будет кричать и двигаться, но как только отрубят голову, тогда ему не можно будет ни кричать, ни есть, ни пить, оттого что у него, душечка, уже больше не будет головы". И Юзыся все это слушала со страхом и любопытством. Крыши домов были усеяны народом. Из слуховых окон выглядывали престранные рожи в усах и в чем-то похожем на чепчики. На балконах, под балдахинами, сидело аристократство. Хорошенькая ручка смеющейся, блистающей, как белый сахар, панны держалась за перила. Ясновельможные паны, довольно плотные, глядели с важным видом. Холоп, в блестящем убранстве, с откидными назад рукавами, разносил тут же разные напитки и съестное. Часто шалунья с черными глазами, схвативши светлою ручкою своею пирожное и плоды, кидала в народ. Толпа голодных рыцарей подставляла наподхват свои шапки, и какой-нибудь высокий шляхтич, высунувшийся из толпы своею головою, в полинялом красном кунтуше[40] с почерневшими золотыми шнурками, хватал первый с помощию длинных рук, целовал полученную добычу, прижимал ее к сердцу и потом клал в рот. Сокол, висевший в золотой клетке под балконом, был также зрителем: перегнувши набок нос и поднявши лапу, он с своей стороны рассматривал также внимательно народ. Но толпа вдруг зашумела, и со всех сторон раздались голоса: "Ведут... ведут!.. козаки!.."

---

[40] верхнее старинное платье.

Они шли с открытыми головами, с длинными чубами; бороды у них были отпущены. Они шли не боязливо, не угрюмо, но с какою-то тихою горделивостию; их платья из дорогого сукна износились и болтались на них ветхими лоскутьями; они не глядели и не кланялись народу. Впереди всех шел Остап.

Что почувствовал старый Тарас, когда увидел своего Остапа? Что было тогда в его сердце? Он глядел на него из толпы и не проронил ни одного движения его. Они приблизились уже к лобному месту. Остап остановился. Ему первому приходилось выпить эту тяжелую чашу. Он глянул на своих, поднял руку вверх и произнес громко:

— Дай же, боже, чтобы все, какие тут ни стоят еретики, не услышали, нечестивые, как мучится христианин! чтобы ни один из нас не промолвил ни одного слова!

После этого он приблизился к эшафоту.

— Добре, сынку, добре! — сказал тихо Бульба и уставил в землю свою седую голову.

Палач сдернул с него ветхие лохмотья; ему увязали руки и ноги в нарочно сделанные станки, и... Не будем смущать читателей картиною адских мук, от которых дыбом поднялись бы их волоса. Они были порождение тогдашнего грубого, свирепого века, когда человек вел еще кровавую жизнь одних воинских подвигов и закалился в ней душою, не чуя человечества. Напрасно некоторые, немногие, бывшие исключениями из века, являлись противниками сих ужасных мер. Напрасно король и многие рыцари, просветленные умом и душой, представляли, что подобная жестокость наказаний может только разжечь мщение козацкой нации. Но власть короля и умных мнений была ничто перед беспорядком и дерзкой волею государственных магнатов, которые своею необдуманностью, непостижимым отсутствием всякой дальновидности, детским самолюбием и ничтожною гордостью превратили сейм в сатиру на правление. Остап выносил терзания и пытки, как исполин. Ни крика, ни стону не было слышно даже тогда, когда стали перебивать ему на руках и ногах кости, когда ужасный хряск их послышался среди мертвой толпы отдаленными зрителями, когда панянки отворотили глаза свои, — ничто, похожее на стон, не вырвалось из уст его, не дрогнулось лицо его. Тарас стоял в толпе, потупив голову и в то же время гордо приподняв очи, и одобрительно только говорил: "Добре, сынку, добре!"

Но когда подвели его к последним смертным мукам, — казалось, как будто стала подаваться его сила. И повел он очами вокруг себя: боже, всё неведомые, всё чужие лица! Хоть бы кто-нибудь из близких присутствовал при его смерти! Он не хотел бы слышать рыданий и сокрушения слабой матери или безумных воплей супруги, исторгающей волосы и биющей себя в белые груди; хотел бы он теперь увидеть твердого мужа, который бы разумным словом освежил его и утешил при кончине. И упал он силою и воскликнул в душевной немощи:

— Батько! где ты! Слышишь ли ты?

— Слышу! — раздалось среди всеобщей тишины, и весь миллион народа в одно время вздрогнул.

Часть военных всадников бросилась заботливо рассматривать толпы народа. Янкель побледнел как смерть, и когда всадники немного отдалились от него, он со страхом оборотился назад, чтобы взглянуть на Тараса; но Тараса уже возле него не было: его и след простыл.

## XII

Отыскался след Тарасов. Сто двадцать тысяч козацкого войска показалось на границах Украйны. Это уже не была какая-нибудь малая часть или отряд, выступивший на добычу или на угон за татарами. Нет, поднялась вся нация, ибо переполнилось терпение народа, — поднялась отмстить за посмеянье прав своих, за позорное унижение своих нравов, за оскорбление веры предков и святого обычая, за посрамление церквей, за бесчинства чужеземных панов, за угнетенье, за унию, за позорное владычество жидовства на христианской земле — за все, что копило и сугубило с давних времен суровую ненависть козаков. Молодой, но сильный духом гетман

117

Остраница предводил всею несметною козацкою силою. Возле был виден престарелый, опытный товарищ его и советник, Гуня. Восемь полковников вели двенадцатитысячные полки. Два генеральные есаула и генеральный бунчужный[41] ехали вслед за гетьманом. Генеральный хорунжий предводил главное знамя; много других хоругвей и знамен развевалось вдали; бунчуковые товарищи несли бунчуки. Много также было других чинов полковых: обозных, войсковых товарищей, полковых писарей и с ними пеших и конных отрядов; почти столько же, сколько было рейстровых козаков, набралось охочекомонных и вольных. Отвсюду поднялись козаки: от Чигирина, от Переяслава, от Батурина, от Глухова, от низовой стороны днепровской и от всех его верховий и островов. Без счету кони и несметные таборы телег тянулись по полям. И между теми-то козаками, между теми восьмью полками отборнее всех был один полк, и полком тем предводил Тарас Бульба. Все давало ему перевес пред другими: и преклонные лета, и опытность, и уменье двигать своим войском, и сильнейшая всех ненависть к врагам. Даже самим козакам казалась чрезмерною его беспощадная свирепость и жестокость. Только огонь да виселицу определяла седая голова его, и совет его в войсковом совете дышал только одним истреблением.

Нечего описывать всех битв, где показали себя козаки, ни всего постепенного хода кампании: все это внесено в летописные страницы. Известно, какова в Русской земле война, поднятая за веру: нет силы сильнее веры. Непреоборима и грозна она, как нерукотворная скала среди бурного, вечно изменчивого моря. Из самой средины морского дна возносит она к небесам непроломные свои стены, вся созданная из одного цельного, сплошного камня. Отвсюду видна она и глядит прямо в очи мимобегущим волнам. И горе кораблю, который нанесется на нее! В щепы летят бессильные его снасти, тонет и ломится в прах все, что ни есть на них, и жалким криком погибающих оглашается пораженный воздух.

---

[41] хранитель бунчука, жезла — символа гетманской власти.

В летописных страницах изображено подробно, как бежали польские гарнизоны из освобождаемых городов; как были перевешаны бессовестные арендаторы-жиды; как слаб был коронный гетьман Николай Потоцкий с многочисленною своею армиею против этой непреодолимой силы; как, разбитый, преследуемый, перетопил он в небольшой речке лучшую часть своего войска; как облегли его в небольшом местечке Полонном грозные козацкие полки и как, приведенный в крайность, польский гетьман клятвенно обещал полное удовлетворение во всем со стороны короля и государственных чинов и возвращение всех прежних прав и преимуществ. Но не такие были козаки, чтобы поддаться на то: знали они уже, что такое польская клятва. И Потоцкий не красовался бы больше на шеститысячном своем аргамаке, привлекая взоры знатных панн и зависть дворянства, не шумел бы на сеймах, задавая роскошные пиры сенаторам, если бы не спасло его находившееся в местечке русское духовенство. Когда вышли навстречу все попы в светлых золотых ризах, неся иконы и кресты, и впереди сам архиерей с крестом в руке и в пастырской митре, преклонили козаки все свои головы и сняли шапки. Никого не уважили бы они на ту пору, ниже' самого короля, но против своей церкви христианской не посмели и уважили свое духовенство. Согласился гетьман вместе с полковниками отпустить Потоцкого, взявши с него клятвенную присягу оставить на свободе все христианские церкви, забыть старую вражду и не наносить никакой обиды козацкому воинству. Один только полковник не согласился на такой мир. Тот один был Тарас. Вырвал он клок волос из головы своей и вскрикнул:

— Эй, гетьман и полковники! не сделайте такого бабьего дела! не верьте ляхам: продадут псяюхи!

Когда же полковой писарь подал условие и гетьман приложил свою властную руку, он снял с себя чистый булат, дорогую турецкую саблю из первейшего железа, разломил ее надвое, как трость, и кинул врозь, далеко в разные стороны оба конца, сказав:

— Прощайте же! Как двум концам сего палаша не

119

соединиться в одно и не составить одной сабли, так и нам, товарищи, больше не видаться на этом свете. Помяните же прощальное мое слово (при сем слове голос его вырос, подымался выше, принял неведомую силу, — и смутились все от пророческих слов): перед смертным часом своим вы вспомните меня! Думаете, купили спокойствие и мир; думаете, пановать станете? Будете пановать другим панованьем: сдерут с твоей головы, гетьман, кожу, набьют ее гречаною половою, и долго будут видеть ее по всем ярмаркам! Не удержите и вы, паны, голов своих! Пропадете в сырых погребах, замурованные в каменные стены, если вас, как баранов, не сварят всех живыми в котлах!

— А вы, хлопцы! — продолжал он, оборотившись к своим, — кто из вас хочет умирать своею смертью — не по запечьям и бабьим лежанкам, не пьяными под забором у шинка, подобно всякой падали, а честной, козацкой смертью — всем на одной постеле, как жених с невестою? Или, может быть, хотите воротиться домой, да оборотиться в недоверков, да возить на своих спинах польских ксендзов?

— За тобою, пане полковнику! За тобою! — вскрикнули все, которые были в Тарасовом полку; и к ним перебежало немало других.

— А коли за мною, так за мною же! — сказал Тарас, надвинул глубже на голову себе шапку, грозно взглянул на всех остававшихся, оправился на коне своем и крикнул своим: — Не попрекнет же никто нас обидной речью! А ну, гайда, хлопцы, в гости к католикам!

И вслед за тем ударил он по коню, и потянулся за ним табор из ста телег, и с ними много было козацких конников и пехоты, и, оборотясь, грозил взором всем остававшимся, и гневен был взор его. Никто не посмел остановить их. В виду всего воинства уходил полк, и долго еще оборачивался Тарас и все грозил.

Смутны стояли гетьман и полковники, задумались все и молчали долго, как будто теснимые каким-то тяжелым предвестием. Недаром провещал Тарас: так все и сбылось, как он провещал. Немного времени спустя, после вероломного поступка под Каневом, вздернута была голова гетьмана на кол вместе со многими из первейших сановников.

А что же Тарас? А Тарас гулял по всей Польше с своим полком, выжег восемнадцать местечек, близ сорока костелов и уже доходил до Кракова. Много избил он всякой шляхты, разграбил богатейшие земли и лучшие замки; распечатали и поразливали по земле козаки вековые меды и вина, сохранно сберегавшиеся в панских погребах; изрубили и пережгли дорогие сукна, одежды и утвари, находимые в кладовых. "Ничего не жалейте!" — повторял только Тарас. Не уважали козаки чернобровых панянок, белогрудых, светлоликих девиц; у самых алтарей не могли спастись они: зажигал их Тарас вместе с алтарями. Не одни белоснежные руки подымались из огнистого пламени к небесам, сопровождаемые жалкими криками, от которых подвигнулась бы самая сырая земля и степовая трава поникла бы от жалости долу. Но не внимали ничему жестокие козаки и, поднимая копьями с улиц младенцев их, кидали к ним же в пламя. "Это вам, вражьи ляхи, поминки по Остапе!" — приговаривал только Тарас. И такие поминки по Остапе отправлял он в каждом селении, пока польское правительство не увидело, что поступки Тараса были побольше, чем обыкновенное разбойничество, и тому же самому Потоцкому поручено было с пятью полками поймать непременно Тараса.

Шесть дней уходили козами проселочными дорогами от всех преследований; едва выносили кони необыкновенное бегство и спасали казаков. Но Потоцкий на сей раз был достоин возложенного поручения; неутомимо преследовал он их и настиг на берегу Днестра, где Бульба занял для роздыха оставленную развалившуюся крепость.

Над самой кручей у Днестра-реки виднелась она своим оборванным валом и своими развалившимися останками стен. Щебнем и разбитым кирпичом усеяна была верхушка утеса, готовая всякую минуту сорваться и слететь вниз. Тут-то, с двух сторон, прилеглых к полю, обступил его коронный гетьман Потоцкий. Четыре дни бились и боролись козаки, отбиваясь кирпичами и каменьями. Но истощились запасы и силы, и решился Тарас пробиться сквозь ряды. И пробились было уже козаки, и, может быть, еще раз послужили бы им верно быстрые кони, как вдруг среди самого бегу остановился Тарас и вскрикнул: "Стой! выпала люлька с табаком; не хочу, чтобы и люлька досталась вражьим лясам!" И нагнулся старый атаман и стал отыскивать в траве свою люльку с табаком, неотлучную сопутницу на морях, и на суше, и в походах, и дома. А тем временем набежала вдруг ватага и схватила его под могучие плечи. Двинулся было он всеми членами, но уже не посыпались на землю, как бывало прежде, схватившие его гайдуки. "Эх, старость, старость!" — сказал он, и заплакал дебелый старый козак. Но не старость была виною: сила одолела силу. Мало не тридцать человек повисло у него по рукам и по ногам. "Попалась ворона! — кричали ляхи. — Теперь нужно только придумать, какую бы ему, собаке, лучшую честь воздать". И присудили, с гетьманского разрешенья, спечь его живого в виду всех. Тут же стояло нагое дерево, вершину которого разбило громом. Притянули его железными цепями к древесному стволу, гвоздем прибили ему руки и, приподняв его повыше, чтобы отовсюду был виден козак, принялись тут же раскладывать под деревом костер. Но не на костер глядел Тарас, не об огне он думал, которым собирались жечь его; глядел он, сердечный, в ту сторону, где отстреливались козаки: ему с высоты все было видно как на ладони.

— Занимайте, хлопцы, занимайте скорее, — кричал он, — горку, что за лесом: туда не подступят они!

Но ветер не донес его слов.

— Вот, пропадут, пропадут ни за что! — говорил он отчаянно и взглянул вниз, где сверкал Днестр. Радость блеснула в очах его. Он увидел выдвинувшиеся из-за кустарника четыре кормы, собрал всю силу голоса и зычно закричал:

— К берегу! к берегу, хлопцы! Спускайтесь подгорной дорожкой, что налево. У берега стоят челны, все забирайте, чтобы не было погони!

На этот раз ветер дунул с другой стороны, и все слова были

услышаны козаками. Но за такой совет достался ему тут же удар обухом по голове, который переворотил все в глазах его.

Пустились козаки во всю прыть подгорной дорожкой; а уж погоня за плечами. Видят: путается и загибается дорожка и много дает в сторону извивов. "А, товарищи! не куды пошло!" — сказали все, остановились на миг, подняли свои нагайки, свистнули — и татарские их кони, отделившись от земли, распластавшись в воздухе, как змеи, перелетели через пропасть и бултыхнули прямо в Днестр. Двое только не достали до реки, грянулись с вышины об каменья, пропали там навеки с конями, даже не успевши издать крика. А козаки уже плыли с конями в реке и отвязывали челны. Остановились ляхи над пропастью, дивясь неслыханному козацкому делу и думая: прыгать ли им или нет? Один молодой полковник, живая, горячая кровь, родной брат прекрасной полячки, обворожившей бедного Андрия, не подумал долго и бросился со всех сил с конем за козаками: перевернулся три раза в воздухе с конем своим и прямо грянулся на острые утесы. В куски изорвали его острые камни, пропавшего среди пропасти, и мозг его, смешавшись с кровью, обрызгал росшие по неровным стенам провала кусты.

Когда очнулся Тарас Бульба от удара и глянул на Днестр, уже козаки были на челнах и гребли веслами; пули сыпались на них сверху, но не доставали. И вспыхнули радостные очи у старого атамана.

— Прощайте, товарищи! — кричал он им сверху. - Вспоминайте меня и будущей же весной прибывайте сюда вновь да хорошенько погуляйте! Что, взяли, чертовы ляхи? Думаете, есть что-нибудь на свете, чего бы побоялся козак? Постойте же, придет время, будет время, узнаете вы, что такое православная русская вера! Уже и теперь чуют дальние и близкие народы: подымается из Русской земли свой царь, и не будет в мире силы, которая бы не покорилась ему!..

А уже огонь подымался над костром, захватывал его ноги и разостлался пламенем по дереву... Да разве найдутся на свете такие огни, муки и такая сила, которая бы пересилила русскую силу!

Немалая река Днестр, и много на ней заводьев, речных

густых камышей, отмелей и глубокодонных мест; блестит речное зеркало, оглашенное звонким ячаньем лебедей, и гордый гоголь быстро несется по нем, и много куликов, краснозобых курухтанов и всяких иных птиц в тростниках и на прибрежьях. Козаки живо плыли на узких двухрульных челнах, дружно гребли веслами, осторожно минули отмели, всполашивая подымавшихся птиц, и говорили про своего атамана.

# СТАРОСВЕТСКИЕ ПОМЕЩИКИ

Я очень люблю скромную жизнь тех уединенных владетелей отдаленных деревень, которых в Малороссии обыкновенно называют старосветскими, которые, как дряхлые живописные домики, хороши своею пестротою и совершенною противоположностью с новым гладеньким строением, которого стен не промыл еще дождь, крыши не покрыла зеленая плесень и лишенное щекатурки крыльцо не выказывает своих красных кирпичей. Я иногда люблю сойти на минуту в сферу этой необыкновенно уединенной жизни, где ни одно желание не перелетает за частокол, окружающий небольшой дворик, за плетень сада, наполненного яблонями и сливами, за деревенские избы, его окружающие, пошатнувшиеся на сторону, осененные вербами, бузиною и грушами. Жизнь их скромных владетелей так тиха, так тиха, что на минуту забываешься и думаешь, что страсти, желания и неспокойные порождения злого духа, возмущающие мир, вовсе не существуют и ты их видел только в блестящем, сверкающем сновидении. Я отсюда вижу низенький домик с галереею из маленьких почернелых деревянных столбиков, идущею вокруг всего дома, чтобы можно было во время грома и града затворить ставни окон, не замочась дождем. За ним душистая черемуха, целые ряды низеньких фруктовых дерев, потопленных багрянцем вишен и яхонтовым морем слив, покрытых свинцовым матом; развесистый клен, в тени которого разостлан для отдыха ковер; перед домом просторный двор с низенькою свежею травкою, с протоптанною дорожкою от амбара до кухни и от кухни до барских покоев; длинношейный гусь, пьющий воду с молодыми и нежными, как пух, гусятами; частокол, обвешанный связками сушеных груш и яблок и проветривающимися коврами; воз с дынями, стоящий возле амбара; отпряженный вол, лениво лежащий возле него, — все это для меня имеет неизъяснимую прелесть, может быть, оттого, что я уже не вижу их и что нам мило все то, с чем мы в разлуке. Как бы то ни было, но даже тогда, когда бричка моя подъезжала к крыльцу этого домика, душа принимала удивительно приятное и спокойное состояние; лошади весело подкатывали под крыльцо, кучер преспокойно слезал с козел и набивал трубку, как будто бы он приезжал в собственный дом свой; самый лай, который поднимали флегматические барбосы, бровки и жучки, был приятен моим ушам. Но более всего мне нравились самые владетели этих скромных уголков, старички, старушки, заботливо выходившие навстречу. Их лица мне представляются и теперь иногда в шуме и толпе среди модных фраков, и тогда вдруг на меня находит полусон и мерещится былое. На лицах у них всегда написана такая доброта, такое радушие и чистосердечие, что невольно отказываешься, хотя, по крайней мере, на короткое время, от всех дерзких мечтаний и незаметно переходишь всеми чувствами в низменную буколическую жизнь.

Я до сих пор не могу позабыть двух старичков прошедшего века, которых, увы! теперь уже нет, но душа моя полна еще до сих пор жалости, и чувства мои странно сжимаются, когда воображу себе, что приеду со временем опять на их прежнее, ныне опустелое жилище и увижу кучу развалившихся хат, заглохший пруд, заросший ров на том месте, где стоял низенький домик, — и ничего более. Грустно! мне заранее грустно! Но обратимся к рассказу.

Афанасий Иванович Товстогуб и жена его Пульхерия Ивановна Товстогубиха, по выражению окружных мужиков, были те старики, о которых я начал рассказывать. Если бы я был живописец и хотел изобразить на полотне Филемона и Бавкиду, я бы никогда не избрал другого оригинала, кроме их. Афанасию Ивановичу было шестьдесят лет, Пульхерии Ивановне пятьдесят пять. Афанасий Иванович был высокого роста, ходил всегда в бараньем тулупчике, покрытом камлотом,[42] сидел согнувшись и всегда почти улыбался, хотя бы рассказывал или просто слушал. Пульхерия Ивановна была несколько сурьезна, почти никогда не смеялась; но на лице и в

---

[42] шерстяная ткань.

глазах ее было написано столько доброты, столько готовности угостить вас всем, что было у них лучшего, что вы, верно, нашли бы улыбку уже чересчур приторною для ее доброго лица. Легкие морщины на их лицах были расположены с такою приятностью, что художник, верно бы, украл их. По ним можно было, казалось, читать всю жизнь их, ясную, спокойную жизнь, которую вели старые национальные, простосердечные и вместе богатые фамилии, всегда составляющие противоположность тем низким малороссиянам, которые выдираются из дегтярей, торгашей, наполняют, как саранча, палаты и присутственные места, дерут последнюю копейку с своих же земляков, наводняют Петербург ябедниками, наживают наконец капитал и торжественно прибавляют к фамилии своей, оканчивающейся на о, слог въ. Нет, они не были похожи на эти презренные и жалкие творения, так же как и все малороссийские старинные и коренные фамилии.

Нельзя было глядеть без участия на их взаимную любовь. Они никогда не говорили друг другу ты, но всегда вы; вы, Афанасий Иванович; вы, Пульхерия Ивановна. "Это вы продавили стул, Афанасий Иванович?" — "Ничего, не сердитесь, Пульхерия Ивановна: это я". Они никогда не имели детей, и оттого вся привязанность их сосредоточивалась на них же самих. Когда-то, в молодости, Афанасий Иванович служил в компанейцах,[43] был после секунд-майором, но это уже было очень давно, уже прошло, уже сам Афанасий Иванович почти никогда не вспоминал об этом. Афанасий Иванович женился тридцати лет, когда был молодцом и носил шитый камзол; он даже увез довольно ловко Пульхерию Ивановну, которую родственники не хотели отдать за него; но и об этом уже он очень мало помнил, по крайней мере, никогда не говорил.

Все эти давние, необыкновенные происшествия заменились спокойною и уединенною жизнию, теми дремлющими и вместе какими-то гармоническими грезами, которые ощущаете вы, сидя на деревенском балконе, обращенном в сад, когда

---

[43] солдаты и офицеры кавалерийских полков, формировавшихся из добровольцев.

прекрасный дождь роскошно шумит, хлопая по древесным листьям, стекая журчащими ручьями и наговаривая дрему на ваши члены, а между тем радуга крадется из-за деревьев и в виде полуразрушенного свода светит матовыми семью цветами на небе. Или когда укачивает вас коляска, ныряющая между зелеными кустарниками, а степной перепел гремит и душистая трава вместе с хлебными колосьями и полевыми цветами лезет в дверцы коляски, приятно ударяя вас по рукам и лицу.

Он всегда слушал с приятною улыбкою гостей, приезжавших к нему, иногда и сам говорил, но больше расспрашивал. Он не принадлежал к числу тех стариков, которые надоедают вечными похвалами старому времени или порицаниями нового. Он, напротив, расспрашивая вас, показывал большое любопытство и участие к обстоятельствам вашей собственной жизни, удачам и неудачам, которыми обыкновенно интересуются все добрые старики, хотя оно несколько похоже на любопытство ребенка, который в то время, когда говорит с вами, рассматривает печатку ваших часов. Тогда лицо его, можно сказать, дышало добротою.

Комнаты домика, в котором жили наши старички, были маленькие, низенькие, какие обыкновенно встречаются у старосветских людей. В каждой комнате была огромная печь, занимавшая почти третью часть ее. Комнатки эти были ужасно теплы, потому что и Афанасий Иванович и Пульхерия Ивановна очень любили теплоту. Топки их были все проведены в сени, всегда почти до самого потолка наполненные соломою, которую обыкновенно употребляют в Малороссии вместо дров. Треск этой горящей соломы и освещение делают сени чрезвычайно приятными в зимний вечер, когда пылкая молодежь, прозябнувши от преследования за какой-нибудь смуглянкой, вбегает в них, похлопывая в ладоши. Стены комнат убраны были несколькими картинами и картинками в старинных узеньких рамах. Я уверен, что сами хозяева давно позабыли их содержание, и если бы некоторые из них были унесены, то они бы, верно, этого не заметили. Два портрета было больших, писанных масляными красками. Один представлял какого-то архиерея, другой Петра III. Из узеньких

128

рам глядела герцогиня Лавальер, запачканная мухами. Вокруг окон и над дверями находилось множество небольших картинок, которые как-то привыкаешь почитать за пятна на стене и потому их вовсе не рассматриваешь. Пол почти во всех комнатах был глиняный, но так чисто вымазанный и содержавшийся с такою опрятностию, с какою, верно, не содержится ни один паркет в богатом доме, лениво подметаемый невыспавшимся господином в ливрее.

Комната Пульхерии Ивановны была вся уставлена сундуками, ящиками, ящичками и сундучочками. Множество узелков и мешков с семенами, цветочными, огородными, арбузными, висело по стенам. Множество клубков с разноцветною шерстью, лоскутков старинных платьев, шитых за полстолетие, были укладены по углам в сундучках и между сундучками. Пульхерия Ивановна была большая хозяйка и собирала все, хотя иногда сама не знала, на что оно потом употребится.

Но самое замечательное в доме — были поющие двери. Как только наставало утро, пение дверей раздавалось по всему дому. Я не могу сказать, отчего они пели: перержавевшие ли петли были тому виною или сам механик, делавший их, скрыл в них какой-нибудь секрет, — но замечательно то, что каждая дверь имела свой особенный голос: дверь, ведущая в спальню, пела самым тоненьким дискантом; дверь в столовую хрипела басом; но та, которая была в сенях, издавала какой-то странный дребезжащий и вместе стонущий звук, так что, вслушиваясь в него, очень ясно наконец слышалось: "батюшки, я зябну!" Я знаю, что многим очень не нравится этот звук; но я его очень люблю, и если мне случится иногда здесь услышать скрып дверей, тогда мне вдруг так и запахнет деревнею, низенькой комнаткой, озаренной свечкой в старинном подсвечнике, ужином, уже стоящим на столе, майскою темною ночью, глядящею из сада, сквозь растворенное окно, на стол, уставленный приборами, соловьем, обдающим сад, дом и дальнюю реку своими раскатами, страхом и шорохом ветвей... и боже, какая длинная навевается мне тогда вереница воспоминаний!

Стулья в комнате были деревянные, массивные, какими обыкновенно отличается старина; они были все с высокими выточенными спинками, в натуральном виде, без всякого лака и краски; они не были даже обиты материею и были несколько похожи на те стулья, на которые и доныне садятся архиереи. Трехугольные столики по углам, четырехугольные перед диваном и зеркалом в тоненьких золотых рамах, выточенных листьями, которых мухи усеяли черными точками, ковер перед диваном с птицами, похожими на цветы, и цветами, похожими на птиц, — вот все почти убранство невзыскательного домика, где жили мои старики.

Девичья была набита молодыми и немолодыми девушками в полосатых исподницах, которым иногда Пульхерия Ивановна давала шить какие-нибудь безделушки и заставляла чистить ягоды, но которые большею частию бегали на кухню и спали. Пульхерия Ивановна почитала необходимостию держать их в доме и строго смотрела за их нравственностью. Но, к чрезвычайному ее удивлению, не проходило нескольких месяцев, чтобы у которой-нибудь из ее девушек стан не делался гораздо полнее обыкновенного; тем более это казалось удивительно, что в доме почти никого не было из холостых людей, выключая разве только комнатного мальчика, который ходил в сером полуфраке, с босыми ногами, и если не ел, то уж верно спал. Пульхерия Ивановна обыкновенно бранила виновную и наказывала строго, чтобы вперед этого не было. На стеклах окон звенело страшное множество мух, которых всех покрывал толстый бас шмеля, иногда сопровождаемый пронзительными визжаниями ос; но как только подавали свечи, вся эта ватага отправлялась на ночлег и покрывала черною тучею весь потолок.

Афанасий Иванович очень мало занимался хозяйством, хотя, впрочем, ездил иногда к косарям и жнецам и смотрел довольно пристально на их работу; все бремя правления лежало на Пульхерии Ивановне. Хозяйство Пульхерии Ивановны состояло в беспрестанном отпирании и запирании кладовой, в солении, сушении, варении бесчисленного множества фруктов и растений. Ее дом был совершенно похож на химическую лабораторию. Под яблонею вечно был разложен огонь, и никогда почти не снимался с железного треножника котел или медный таз с вареньем, желе, пастилою, деланными на меду, на сахаре и не помню еще на чем. Под другим деревом кучер вечно перегонял в медном лембике[44] водку на персиковые листья, на черемуховый цвет, на золототысячник, на вишневые косточки, и к концу этого процесса совершенно не был в состоянии поворотить языком, болтал такой вздор, что Пульхерия Ивановна ничего не могла понять, и отправлялся на кухню спать. Всей этой дряни наваривалось, насоливалось, насушивалось такое множество, что, вероятно, она потопила бы наконец весь двор, потому что Пульхерия Ивановна всегда сверх расчисленного на потребление любила приготовлять еще на запас, если бы большая половина этого не съедалась дворовыми девками, которые, забираясь в кладовую, так ужасно там объедались, что целый день стонали и жаловались на животы свои.

В хлебопашество и прочие хозяйственные статьи вне двора Пульхерия Ивановна мало имела возможности входить. Приказчик, соединившись с войтом,[45] обкрадывали немилосердным образом. Они завели обыкновение входить в господские леса, как в свои собственные, наделывали множество саней и продавали их на ближней ярмарке; кроме того, все толстые дубы они продавали на сруб для мельниц соседним козакам. Один только раз Пульхерия Ивановна пожелала обревизировать свои леса. Для этого были запряжены дрожки с огромными кожаными фартуками, от которых, как только кучер встряхивал вожжами и лошади, служившие еще в милиции, трогались с своего места, воздух наполнялся странными звуками, так что вдруг были слышны и флейта, и бубны, и барабан; каждый гвоздик и железная скобка звенели до того, что возле самых мельниц было слышно, как пани выезжала со двора, хотя это расстояние было не менее двух верст. Пульхерия Ивановна не могла не заметить

---

[44] резервуар для перегонки и прочистки водки.
[45] сельский староста.

страшного опустошения в лесу и потери тех дубов, которые она еще в детстве знавала столетними.

— Отчего это у тебя, Ничипор, — сказала она, обратясь к своему приказчику, тут же находившемуся, — дубки сделались так редкими? Гляди, чтобы у тебя волосы на голове не стали редки.

— Отчего редки? — говаривал обыкновенно приказчик, — пропали! Так-таки совсем пропали: и громом побило, и черви проточили, — пропали, пани, пропали.

Пульхерия Ивановна совершенно удовлетворялась этим ответом и, приехавши домой, давала повеление удвоить только стражу в саду около шпанских вишен и больших зимних дуль.

Эти достойные правители, приказчик и войт, нашли вовсе излишним привозить всю муку в барские амбары, а что с бар будет довольно и половины; наконец, и эту половину привозили они заплесневелую или подмоченную, которая была обракована на ярмарке. Но сколько ни обкрадывали приказчик и войт, как ни ужасно жрали все в дворе, начиная от ключницы до свиней, которые истребляли страшное множество слив и яблок и часто собственными мордами толкали дерево, чтобы стряхнуть с него целый дождь фруктов, сколько ни клевали их воробьи и вороны, сколько вся дворня ни носила гостинцев своим кумовьям в другие деревни и даже таскала из амбаров старые полотна и пряжу, что все обращалось ко всемирному источнику, то есть к шинку, сколько ни крали гости, флегматические кучера и лакеи, — но благословенная земля производила всего в таком множестве, Афанасию Ивановичу и Пульхерии Ивановне так мало было нужно, что все эти страшные хищения казались вовсе незаметными в их хозяйстве.

Оба старичка, по старинному обычаю старосветских помещиков, очень любили покушать. Как только занималась заря (они всегда вставали рано) и как только двери заводили свой разноголосый концерт, они уже сидели за столиком и пили кофе. Напившись кофею, Афанасий Иванович выходил в сени и, стряхнувши платком, говорил: "Киш, киш! пошли, гуси, с крыльца!" На дворе ему обыкновенно попадался приказчик. Он, по обыкновению, вступал с ним в разговор, расспрашивал о работах с величайшею подробностью и такие сообщал ему замечания и приказания, которые удивили бы всякого необыкновенным познанием хозяйства, и какой-нибудь новичок не осмелился бы и подумать, чтобы можно было украсть у такого зоркого хозяина. Но приказчик его был обстрелянная птица: он знал, как нужно отвечать, а еще более, как нужно хозяйничать.

После этого Афанасий Иванович возвращался в покои и говорил, приблизившись к Пульхерии Ивановне:

— А что, Пульхерия Ивановна, может быть, пора закусить чего-нибудь?

— Чего же бы теперь, Афанасий Иванович, закусить? разве коржиков с салом, или пирожков с маком, или, может быть, рыжиков соленых?

— Пожалуй, хоть и рыжиков или пирожков, — отвечал Афанасий Иванович, и на столе вдруг являлась скатерть с пирожками и рыжиками.

За час до обеда Афанасий Иванович закушивал снова, выпивал старинную серебряную чарку водки, заедал грибками, разными сушеными рыбками и прочим. Обедать садились в двенадцать часов. Кроме блюд и соусников, на столе стояло множество горшочков с замазанными крышками, чтобы не могло выдохнуться какое-нибудь аппетитное изделие старинной вкусной кухни. За обедом обыкновенно шел разговор о предметах, самых близких к обеду.

— Мне кажется, как будто эта каша, — говаривал обыкновенно Афанасий Иванович, — немного пригорела; вам этого не кажется, Пульхерия Ивановна?

— Нет, Афанасий Иванович; вы положите побольше масла, тогда она не будет казаться пригорелою, или вот возьмите этого соусу с грибками и подлейте к ней.

— Пожалуй,- говорил Афанасий Иванович, подставляя свою тарелку, — попробуем, как оно будет.

После обеда Афанасий Иванович шел отдохнуть один часик. после чего Пульхерия Ивановна приносила разрезанный арбуз и говорила:

— Вот попробуйте, Афанасий Иванович, какой хороший арбуз.

— Да вы не верьте, Пульхерия Ивановна, что он красный в средине, — говорил Афанасий Иванович, принимая порядочный ломоть, — бывает, что и красный, да нехороший .

Но арбуз немедленно исчезал. После этого Афанасий Иванович съедал еще несколько груш и отправлялся погулять по саду вместе с Пульхерией Ивановной. Пришедши домой, Пульхерия Ивановна отправлялась по своим делам, а он садился под навесом, обращенным к двору, и глядел, как кладовая беспрестанно показывала и закрывала свою внутренность и девки, толкая одна другую, то вносили, то выносили кучу всякого дрязгу в деревянных ящиках, решетах, ночевках[46] и в прочих фруктохранилищах. Немного погодя он посылал за Пульхерией Ивановной или сам отправлялся к ней и говорил:

— Чего бы такого поесть мне, Пульхерия Ивановна?

— Чего же бы такого? — говорила Пульхерия Ивановна, — разве я пойду скажу, чтобы вам принесли вареников с ягодами, которых приказала я нарочно для вас оставить?

— И то добре,- отвечал Афанасий Иванович.

— Или, может быть, вы съели бы киселику?

— И то хорошо,- отвечал Афанасий Иванович. После чего все это немедленно было приносимо и, как водится, съедаемо.

Перед ужином Афанасий Иванович еще кое-чего закушивал . В половине десятого садились ужинать. После ужина тотчас отправлялись опять спать, и всеобщая тишина водворялась в этом деятельном и вместе спокойном уголке. Комната, в которой спали Афанасий Иванович и Пульхерия Ивановна, была так жарка, что редкий был бы в состоянии остаться в ней несколько часов. Но Афанасий Иванович еще сверх того, чтобы было теплее, спал на лежанке, хотя сильный жар часто заставлял его несколько раз вставать среди ночи и прохаживаться по комнате. Иногда Афанасий Иванович, ходя по комнате, стонал. Тогда Пульхерия Ивановна спрашивала:

---

[46] маленькое корыто.

— Чего вы стонете, Афанасий Иванович?

— Бог его знает, Пульхерия Ивановна, так, как будто немного живот болит,- говорил Афанасий Иванович.

— А не лучше ли вам чего-нибудь съесть, Афанасий Иванович?

— Не знаю, будет ли оно хорошо, Пульхерия Ивановна! впрочем, чего ж бы такого съесть?

— Кислого молочка или жиденького узвару[47] с сушеными грушами.

— Пожалуй, разве так только, попробовать, — говорил Афанасий Иванович.

Сонная девка отправлялась рыться по шкапам, и Афанасий Иванович съедал тарелочку; после чего он обыкновенно говорил:

— Теперь так как будто сделалось легче.

Иногда, если было ясное время и в комнатах довольно тепло натоплено, Афанасий Иванович, развеселившись, любил пошутить над Пульхериею Ивановною и поговорить о чем-нибудь постороннем.

— А что, Пульхерия Ивановна, — говорил он, — если бы вдруг загорелся дом наш, куда бы мы делись?

— Вот это боже сохрани! — говорила Пульхерия Ивановна, крестясь.

— Ну, да положим, что дом наш сгорел, куда бы мы перешли тогда?

— Бог знает что вы говорите, Афанасий Иванович! как можно, чтобы дом мог сгореть: бог этого не попустит.

— Ну, а если бы сгорел?

— Ну, тогда бы мы перешли в кухню. Вы бы заняли на время ту комнату, которую занимает ключница.

— А если бы и кухня сгорела?

— Вот еще! бог сохранит от такого попущения, чтобы вдруг и дом и кухня сгорели! Ну, тогда в кладовую, покамест выстроился бы новый дом.

— А если бы и кладовая сгорела?

---

[47] компот.

— Бог знает что вы говорите! я и слушать вас не хочу! Грех это говорить, и бог наказывает за такие речи.

Но Афанасий Иванович, довольный тем, что подшутил над Пульхериею Ивановною, улыбался, сидя на своем стуле.

Но интереснее всего казались для меня старички в то время, когда бывали у них гости. Тогда все в их доме принимало другой вид. Эти добрые люди, можно сказать, жили для гостей. Все, что у них ни было лучшего, все это выносилось. Они наперерыв старались угостить вас всем, что только производило их хозяйство. Но более всего приятно мне было то, что во всей их услужливости не было никакой приторности. Это радушие и готовность так кротко выражались на их лицах, так шли к ним, что поневоле соглашался на их просьбы. Они были следствие чистой, ясной простоты их добрых, бесхитростных душ. Это радуше вовсе не то, с каким угощает вас чиновник казенной палаты, вышедший в люди вашими стараниями, называющий вас благодетелем и ползающий у ног ваших. Гость никаким образом не был отпускаем того же дня: он должен был непременно переночевать.

— Как можно такою позднею порою отправляться в такую дальнюю дорогу! — всегда говорила Пульхерия Ивановна (гость обыкновенно жил в трех или в четырех верстах от них).

— Конечно, — говорил Афанасий Иванович, — неравно всякого случая: нападут разбойники или другой недобрый человек.

— Пусть бог милует от разбойников! — говорила Пульхерия Ивановна.- И к чему рассказывать эдакое на ночь. Разбойники не разбойники, а время темное, не годится совсем ехать. Да и ваш кучер, я знаю вашего кучера, он такои тендитный да маленький, его всякая кобыла побьет; да притом теперь он уже, верно, наклюкался и спит где-нибудь .

И гость должен был непременно остаться; но, впрочем, вечер в низенькой теплой комнате, радушный, греющий и усыпляющий рассказ, несущийся пар от поданного на стол кушанья, всегда питательного и мастерски изготовленного, бывает для него наградою. Я вижу как теперь, как Афанасий

Иванович, согнувшись, сидит на стуле с всегдашнею своею улыбкой и слушает со вниманием и даже наслаждением гостя! Часто речь заходила и об политике. Гость, тоже весьма редко выезжавший из своей деревни, часто с значительным видом и таинственным выражением лица выводил свои догадки и рассказывал, что француз тайно согласился с англичанином выпустить опять на Россию Бонапарта, или просто рассказывал о предстоящей войне, и тогда Афанасий Иванович часто говорил, как будто не глядя на Пульхерию Ивановну:

— Я сам думаю пойти на войну; почему ж я не могу идти на войну?

— Вот уже и пошел! — прерывала Пульхерия Ивановна. — Вы не верьте ему, — говорила она, обращаясь к гостю. — Где уже ему, старому, идти на войну! Его первый солдат застрелит! Ей-богу, застрелит! Вот так-таки прицелится и застрелит.

— Что ж, — говорил Афанасий Иванович, — и я его застрелю.

— Вот слушайте только, что он говорит! — подхватывала Пульхерия Ивановна, — куда ему идти на войну! И пистоли его давно уже заржавели и лежат в коморе. Если б вы их видели: там такие, что, прежде еще нежели выстрелят, разорвет их порохом. И руки себе поотобьет, и лицо искалечит, и навеки несчастным останется!

— Что ж, — говорил Афанасий Иванович, — я куплю себе новое вооружение. Я возьму саблю или козацкую пику.

— Это все выдумки. Так вот вдруг придет в голову, и начнет рассказывать, — подхватывала Пульхерия Ивановна с досадою. — Я и знаю, что он шутит, а все-таки неприятно слушать. Вот эдакое он всегда говорит, иной раз слушаешь, слушаешь, да и страшно станет.

Но Афанасий Иванович, довольный тем, что несколько напугал Пульхерию Ивановну, смеялся, сидя согнувшись на своем стуле.

Пульхерия Ивановна для меня была занимательнее всего тогда, когда подводила гостя к закуске.

— Вот это, — говорила она, снимая пробку с графина, — водка, настоянная на деревий и шалфей. Если у кого болят лопатки или поясница, то очень помогает. Вот это на золототысячник: если в ушах звенит и по лицу лишаи делаются, то очень помогает. А вот эта — перегнанная на персиковые косточки; вот возьмите рюмку, какой прекрасный запах. Если как-нибудь, вставая с кровати, ударится кто об угол шкапа или стола и набежит на лбу гугля, то стоит только одну рюмочку выпить перед обедом — и все как рукой снимет, в ту же минуту все пройдет, как будто вовсе не бывало.

После этого такой перечет следовал и другим графинам, всегда почти имевшим какие-нибудь целебные свойства. Нагрузивши гостя всею этою аптекою, она подводила его ко множеству стоявших тарелок.

— Вот это грибки с чебрецом! это с гвоздиками и волошскими орехами! Солить их выучила меня туркеня, в то время, когда еще турки были у нас в плену. Такая была добрая туркеня, и незаметно совсем, чтобы турецкую веру исповедовала. Так совсем и ходит, почти как у нас; только свинины не ела: говорит, что у них как-то там в законе запрещено. Вот это грибки с смородинным листом и мушкатным орехом! А вот это большие травянки: я их еще в первый раз отваривала в уксусе; не знаю, каковы-то они; я узнала секрет от отца Ивана. В маленькой кадушке прежде всего нужно разостлать дубовые листья и потом посыпать перцем и селитрою и положить еще что бывает на нечуй[48]-витере цвет, так этот цвет взять и хвостиками разостлать вверх. А вот это пирожки! это пирожки с сыром! это с урдою![49] а вот это те, которые Афанасий Иванович очень любит, с капустою и гречневою кашею.

— Да, — прибавлял Афанасий Иванович, — я их очень люблю; они мягкие и немножко кисленькие.

Вообще Пульхерия Ивановна была чрезвычайно в духе, когда бывали у них гости. Добрая старушка! Она вся принадлежала гостям. Я любил бывать у них, и хотя объедался страшным образом, как и все гостившие у них, хотя мне это

---

[48] трава.
[49] выжимки из маковых зерен.

было очень вредно, однако ж я всегда бывал рад к ним ехать. Впрочем, я думаю, что не имеет ли самый воздух в Малороссии какого-то особенного свойства, помогающего пищеварению, потому что если бы здесь вздумал кто-нибудь таким образом накушаться, то, без сомнения, вместо постели очутился бы лежащим на столе.

Добрые старички! Но повествование мое приближается к весьма печальному событию, изменившему навсегда жизнь этого мирного уголка. Событие это покажется тем более разительным, что произошло от самого маловажного случая. Но, по странному устройству вещей, всегда ничтожные причины родили великие события, и наоборот — великие предприятия оканчивались ничтожными следствиями. Какой-нибудь завоеватель собирает все силы своего государства, воюет несколько лет, полководцы его прославляются, и наконец все это оканчивается приобретением клочка земли, на котором негде посеять картофеля; а иногда, напротив, два какие-нибудь колбасника двух городов подерутся между собою за вздор, и ссора объемлет наконец города, потом села и деревни, а там и целое государство. Но оставим эти рассуждения: они не идут сюда. Притом я не люблю рассуждений, когда они остаются только рассуждениями.

У Пульхерии Ивановны была серенькая кошечка, которая всегда почти лежала, свернувшись клубком, у ее ног. Пульхерия Ивановна иногда ее гладила и щекотала пальцем по ее шейке, которую балованная кошечка вытягивала как можно выше. Нельзя сказать, чтобы Пульхерия Ивановна слишком любила ее, но просто привязалась к ней, привыкши ее всегда видеть. Афанасий Иванович, однако ж, часто подшучивал над такою привязанностию:

— Я не знаю, Пульхерия Ивановна, что вы такого находите в кошке. На что она? Если бы вы имели собаку, тогда бы другое дело: собаку можно взять на охоту, а кошка на что?

— Уж молчите, Афанасий Иванович, — говорила Пульхерия Ивановна, — вы любите только говорить, и больше ничего. Собака нечистоплотна, собака нагадит, собака перебьет все, а кошка тихое творение, она никому не сделает зла.

Впрочем, Афанасию Ивановичу было все равно, что кошки, что собаки; он для того только говорил так, чтобы немножко подшутить над Пульхерией Ивановной .

За садом находился у них большой лес, который был совершенно пощажен предприимчивым приказчиком, — может быть, оттого, что стук топора доходил бы до самых ушей Пульхерии Ивановны. Он был глух, запущен, старые древесные стволы были закрыты разросшимся орешником и походили на мохнатые лапы голубей. В этом лесу обитали дикие коты. Лесных диких котов не должно смешивать с теми удальцами, которые бегают по крышам домов. Находясь в городах, они, несмотря на крутой нрав свой, гораздо более цивилизированы, нежели обитатели лесов. Это, напротив того, большею частию народ мрачный и дикий; они всегда ходят тощие, худые, мяукают грубым, необработанным голосом. Они подрываются иногда подземным ходом под самые амбары и крадут сало, являются даже в самой кухне, прыгнувши внезапно в растворенное окно, когда заметят, что повар пошел в бурьян. Вообще никакие благородные чувства им не известны; они живут хищничеством и душат маленьких воробьев в самых их гнездах. Эти коты долго обнюхивались сквозь дыру под амбаром с кроткою кошечкою Пульхерии Ивановны и наконец подманили ее, как отряд солдат подманивает глупую крестьянку. Пульхерия Ивановна заметила пропажу кошки, послала искать ее, но кошка не находилась. Прошло три дня; Пульхерия Ивановна пожалела, наконец вовсе о ней позабыла. В один день, когда она ревизировала свой огород и возвращалась с нарванными своею рукою зелеными свежими огурцами для Афанасия Ивановича, слух ее был поражен самым жалким мяуканьем. Она, как будто по инстинкту, произнесла: "Кис, кис!" — и вдруг из бурьяна вышла ее серенькая кошка, худая, тощая; заметно было, что она несколько уже дней не брала в рот никакой пищи. Пульхерия Ивановна продолжала звать ее, но кошка стояла пред нею, мяукала и не смела близко подойти; видно было, что она очень одичала с того времени. Пульхерия Ивановна пошла вперед, продолжая звать кошку, которая боязливо шла за нею до самого забора. Наконец, увидевши прежние, знакомые места, вошла и в комнату. Пульхерия Ивановна тотчас приказала подать ей молока и мяса и, сидя перед нею, наслаждалась жадностию бедной своей фаворитки, с какою она глотала кусок за куском и хлебала молоко. Серенькая беглянка почти в глазах ее растолстела и ела уже не так жадно. Пульхерия Ивановна протянула руку, чтобы погладить ее, но неблагодарная, видно, уже слишком свыклась с хищными котами или набралась романических правил, что бедность при любви лучше палат, а коты были голы как соколы; как бы то ни было, она выпрыгнула в окошко, и никто из дворовых не мог поймать ее.

Задумалась старушка. "Это смерть моя приходила за мною!" — сказала она сама в себе, и ничто не могло ее рассеять. Весь день она была скучна. Напрасно Афанасий Иванович шутил и хотел узнать, отчего она так вдруг загрустила: Пульхерия Ивановна была безответна или отвечала совершенно не так, чтобы можно было удовлетворить Афанасия Ивановича. На другой день она заметно похудела.

— Что это с вами, Пульхерия Ивановна? Уж не больны ли вы?

— Нет, я не больна, Афанасий Иванович! Я хочу вам объявить одно особенное происшествие: я знаю, что я этим летом умру; смерть моя уже приходила за мною!

Уста Афанасия Ивановича как-то болезненно искривились. Он хотел, однако ж, победить в душе своей грустное чувство и, улыбнувшись, сказал:

— Бог знает что вы говорите, Пульхерия Ивановна! Вы, верно, вместо декохта,[50] что часто пьете, выпили персиковой.

— Нет, Афанасий Иванович, я не пила персиковой, — сказала Пульхерия Ивановна.

И Афанасию Ивановичу сделалось жалко, что он так пошутил над Пульхерией Ивановной, и он смотрел на нее, и слеза повисла на его реснице.

— Я прошу вас, Афанасий Иванович, чтобы вы исполнили мою волю, — сказала Пульхерия Ивановна. — Когда я умру, то

---

[50] лечебный отвар.

похороните меня возле церковной ограды. Платье наденьте на меня серенькое — то, что с небольшими цветочками по коричневому полю. Атласного платья, что с малиновыми полосками, не надевайте на меня: мертвой уже не нужно платье. На что оно ей? А вам оно пригодится: из него сошьете себе парадный халат на случай, когда приедут гости, то чтобы можно было вам прилично показаться и принять их.

— Бог знает что вы говорите, Пульхерия Ивановна! — говорил Афанасий Иванович, — когда-то еще будет смерть, а вы уже стращаете такими словами.

— Нет, Афанасий Иванович, я уже знаю, когда моя смерть. Вы, однако ж, не горюйте за мною: я уже старуха и довольно пожила, да и вы уже стары, мы скоро увидимся на том свете.

Но Афанасий Иванович рыдал, как ребенок.

— Грех плакать, Афанасий Иванович! Не грешите и бога не гневите своею печалью. Я не жалею о том, что умираю. Об одном только жалею я (тяжелый вздох прервал на минуту речь ее): я жалею о том, что не знаю, на кого оставить вас, кто присмотрит за вами, когда я умру. Вы как дитя маленькое: нужно, чтобы любил вас тот, кто будет ухаживать за вами.

При этом на лице ее выразилась такая глубокая, такая сокрушительная сердечная жалость, что я не знаю, мог ли бы кто-нибудь в то время глядеть на нее равнодушно.

— Смотри мне, Явдоха, — говорила она, обращаясь к ключнице, которую нарочно велела позвать, — когда я умру, чтобы ты глядела за паном, чтобы берегла его, как гла'за своего, как свое родное дитя. Гляди, чтобы на кухне готовилось то, что он любит. Чтобы белье и платье ты ему подавала всегда чистое; чтобы, когда гости случатся, ты принарядила его прилично, а то, пожалуй, он иногда выйдет в старом халате, потому что и теперь часто позабывает он, когда праздничный день, а когда будничный. Не своди с него глаз, Явдоха, я буду молиться за тебя на том свете, и бог наградит тебя. Не забывай же, Явдоха; ты уже стара, тебе не долго жить, не набирай греха на душу. Когда же не будешь за ним присматривать, то не будет тебе счастия на свете. Я сама буду просить бога, чтобы не давал тебе благополучной кончины. И сама ты будешь несчастна, и дети твои будут несчастны, и весь род ваш не будет иметь ни в чем благословения божия.

Бедная старушка! она в то время не думала ни о той великой минуте, которая ее ожидает, ни о душе своей, ни о будущей своей жизни; она думала только о бедном своем спутнике, с которым провела жизнь и которого оставляла сирым и бесприютным. Она с необыкновенною расторопностию распорядила все таким образом, чтобы после нее Афанасий Иванович не заметил ее отсутствия. Уверенность ее в близкой своей кончине так была сильна и состояние души ее так было к этому настроено, что действительно чрез несколько дней она слегла в постелю и не могла уже принимать никакой пищи. Афанасий Иванович весь превратился во внимательность и не отходил от ее постели. "Может быть, вы чего-нибудь бы покушали, Пульхерия Ивановна?" — говорил он, с беспокойством смотря в глаза ей. Но Пульхерия Ивановна ничего не говорила. Наконец, после долгого молчания, как будто хотела она что-то сказать, пошевелила губами — и дыхание ее улетело.

Афанасий Иванович был совершенно поражен. Это так казалось ему дико, что он даже не заплакал. Мутными глазами глядел он на нее, как бы не понимая значения трупа.

Покойницу положили на стол, одели в то самое платье, которое она сама назначила, сложили ей руки крестом, дали в руки восковую свечу, — он на все это глядел бесчувственно. Множество народа всякого звания наполнило двор, множество гостей приехало на похороны, длинные столы расставлены были по двору; кутья, наливки, пироги покрывали их кучами; гости говорили, плакали, глядели на покойницу, рассуждали о ее качествах, смотрели на него, — но он сам на все это глядел странно. Покойницу понесли наконец, народ повалил следом, и он пошел за нею; священники были в полном облачении, солнце светило, грудные ребенки плакали на руках матерей, жаворонки пели, дети в рубашонках бегали и резвились по дороге. Наконец гроб поставили над ямой, ему велели подойти и поцеловать в последний раз покойницу; он подошел, поцеловал, на глазах его показались слезы, — но какие-то бесчувственные слезы. Гроб опустили, священник взял заступ и первый бросил горсть земли, густой протяжный хор дьячка и двух пономарей пропел вечную память под чистым, безоблачным небом, работники принялись за заступы, и земля уже покрыла и сровняла яму, — в это время он пробрался вперед; все расступились, дали ему место, желая знать его намерение. Он поднял глаза свои, посмотрел смутно и сказал: "Так вот это вы уже и погребли ее! зачем?!" Он остановился и не докончил своей речи.

Но когда возвратился он домой, когда увидел, что пусто в его комнате, что даже стул, на котором сидела Пульхерия Ивановна, был вынесен, — он рыдал, рыдал сильно, рыдал неутешно, и слезы, как река, лились из его тусклых очей.

Пять лет прошло с того времени. Какого горя не уносит время? Какая страсть уцелеет в неровной битве с ним? Я знал одного человека в цвете юных еще сил, исполненного истинного благородства и достоинств, я знал его влюбленным нежно, страстно, бешено, дерзко, скромно, и при мне, при моих глазах почти, предмет его страсти — нежная, прекрасная, как ангел, — была поражена ненасытною смертью. Я никогда не видал таких ужасных порывов душевного страдания, такой бешеной, палящей тоски, такого пожирающего отчаяния, какие волновали несчастного любовника. Я никогда не думал, чтобы мог человек создать для себя такой ад, в котором ни тени, ни образа и ничего, что бы сколько-нибудь походило на надежду... Его старались не выпускать с глаз; от него спрятали все орудия, которыми бы он мог умертвить себя. Две недели спустя он вдруг победил себя: начал смеяться, шутить; ему дали свободу, и первое, на что он употребил ее, это было — купить пистолет. В один день внезапно раздавшийся выстрел перепугал ужасно его родных. Они вбежали в комнату и увидели его распростертого, с раздробленным черепом. Врач, случившийся тогда, об искусстве которого гремела всеобщая молва, увидел в нем признаки существования, нашел рану не совсем смертельною, и он, к изумлению всех, был вылечен. Присмотр за ним увеличили еще более. Даже за столом не клали возле него ножа и старались удалить все, чем бы мог он себя ударить; но он в скором времени нашел новый случай и бросился под колеса проезжавшего экипажа. Ему растрощило руку и ногу; но он опять был вылечен. Год после этого я видел его в одном многолюдном зале: он сидел за столом, весело говорил: "петит-уверт", закрывши одну карту, и за ним стояла, облокотившись на спинку его стула, молоденькая жена его, перебирая его марки.

По истечении сказанных пяти лет после смерти Пульхерии Ивановны я, будучи в тех местах, заехал в хуторок Афанасия Ивановича навестить моего старинного соседа, у которого когда-то приятно проводил день и всегда объедался лучшими изделиями радушной хозяйки. Когда я подъехал ко двору, дом мне показался вдвое старее, крестьянские избы совсем легли набок — без сомнения, так же, как и владельцы их; частокол и плетень в дворе были совсем разрушены, и я видел сам, как кухарка выдергивала из него палки для затопки печи, тогда как ей нужно было сделать только два шага лишних, чтобы достать тут же наваленного хвороста. Я с грустью подъехал к крыльцу; те же самые барбосы и бровки, уже слепые или с перебитыми ногами, залаяли, поднявши вверх свои волнистые, обвешанные репейниками хвосты. Навстречу вышел старик. Так это он! я тотчас же узнал его; но он согнулся уже вдвое против прежнего. Он узнал меня и приветствовал с тою же знакомою мне улыбкою. Я вошел за ним в комнаты; казалось, все было в них по-прежнему; но я заметил во всем какой-то странный беспорядок, какое-то ощутительное отсутствие чего-то; словом, я ощутил в себе те странные чувства, которые овладевают нами, когда мы вступаем в первый раз в жилище вдовца, которого прежде знали нераздельным с подругою, сопровождавшею его всю жизнь. Чувства эти бывают похожи на то, когда видим перед собою без ноги человека, которого всегда знали здоровым. Во всем видно было отсутствие заботливой Пульхерии Ивановны: за столом подали один нож без черенка; блюда уже не были приготовлены с таким искусством. О хозяйстве я не хотел и спросить, боялся даже и взглянуть на хозяйственные заведения.

Когда мы сели за стол, девка завязала Афанасия Ивановича

салфеткою, — и очень хорошо сделала, потому что без того он бы весь халат свой запачкал соусом. Я старался его чем-нибудь занять и рассказывал ему разные новости; он слушал с тою же улыбкою, но по временам взгляд его был совершенно бесчувствен, и мысли в нем не бродили, но исчезали. Часто поднимал он ложку с кашею и, вместо того чтобы подносить ко рту, подносил к носу; вилку свою, вместо того чтобы воткнуть в кусок цыпленка, он тыкал в графин, и тогда девка, взявши его за руку, наводила на цыпленка. Мы иногда ожидали по несколько минут следующего блюда. Афанасий Иванович уже сам замечал это и говорил: "Что это так долго не несут кушанья?" Но я видел сквозь щель в дверях, что мальчик, разносивший нам блюда, вовсе не думал о том и спал, свесивши голову на скамью.

"Вот это то кушанье, — сказал Афанасий Иванович, когда подали нам мнишки[51] со сметаною, — это то кушанье, — продолжал он, и я заметил, что голос его начал дрожать и слеза готовилась выглянуть из его свинцовых глаз, но он собирал все усилия, желая удержать ее. — Это то кушанье, которое по... по... покой... покойни..." — и вдруг брызнул слезами. Рука его упала на тарелку, тарелка опрокинулась, полетела и разбилась, соус залил его всего; он сидел бесчувственно, бесчувственно держал ложку, и слезы, как ручей, как немолчно текущий фонтан, лились, лились ливмя на застилавшую его салфетку.

"Боже! — думал я, глядя на него,- пять лет всеистребляющего времени — старик уже бесчувственный, старик, которого жизнь, казалось, ни разу не возмущало ни одно сильное ощущение души, которого вся жизнь, казалось, состояла только из сидения на высоком стуле, из ядения сушеных рыбок и груш, из добродушных рассказов, — и такая долгая, такая жаркая печаль! Что же сильнее над нами: страсть или привычка? Или все сильные порывы, весь вихорь наших желаний и кипящих страстей — есть только следствие нашего яркого возраста и только по тому одному кажутся глубоки и сокрушительны?" Что бы ни было, но в это время мне казались

---

[51] сырники.

146

детскими все наши страсти против этой долгой, медленной, почти бесчувственной привычки. Несколько раз силился он выговорить имя покойницы, но на половине слова спокойное и обыкновенное лицо его судорожно исковеркивалось, и плач дитяти поражал меня в самое сердце. Нет, это не те слезы, на которые обыкновенно так щедры старички, представляющие вам жалкое свое положение и несчастия; это были также не те слезы, которые они роняют за стаканом пуншу; нет! это были слезы, которые текли не спрашиваясь, сами собою, накопляясь от едкости боли уже овладевшего сердца.

Он не долго после того жил. Я недавно услышал об его смерти. Странно, однако же, то, что обстоятельства кончины его имели какое-то сходство с кончиною Пульхерии Ивановны. В один день Афанасий Иванович решился немного пройтись по саду. Когда он медленно шел по дорожке с обыкновенною своею беспечностию, вовсе не имея никакой мысли, с ним случилось странное происшествие. Он вдруг услышал, что позади его произнес кто-то довольно явственным голосом: "Афанасий Иванович!" Он оборотился, но никого совершенно не было, посмотрел во все стороны, заглянул в кусты — нигде никого. День был тих, и солнце сияло. Он на минуту задумался: лицо его как-то оживилось, и он наконец произнес: "Это Пульхерия Ивановна зовет меня!"

Вам, без сомнения, когда-нибудь случалось слышать голос, называющий вас по имени, который простолюдины объясняют тем, что душа стосковалась за человеком и призывает его, и после которого следует неминуемо смерть. Признаюсь, мне всегда был страшен этот таинственный зов. Я помню, что в детстве часто его слышал: иногда вдруг позади меня кто-то явственно произносил мое имя. День обыкновенно в это время был самый ясный и солнечный; ни один лист в саду на дереве не шевелился, тишина была мертвая, даже кузнечик в это время переставал кричать; ни души в саду; но, признаюсь, если бы ночь самая бешеная и бурная, со всем адом стихий, настигла меня одного среди непроходимого леса, я бы не так испугался ее, как этой ужасной тишины среди безоблачного дня. Я обыкновенно тогда бежал с величайшим страхом и занимавшимся дыханием из сада, и тогда только успокоивался, когда попадался мне навстречу какой-нибудь человек, вид которого изгонял эту страшную сердечную пустыню.

Он весь покорился своему душевному убеждению, что Пульхерия Ивановна зовет его; он покорился с волею послушного ребенка, сохнул, кашлял, таял как свечка и наконец угас так, как она, когда уже ничего не осталось, что бы могло поддержать бедное ее пламя. "Положите меня возле Пульхерии Ивановны", — вот все, что произнес он перед своею кончиною.

Желание его исполнили и похоронили возле церкви, близ могилы Пульхерии Ивановны. Гостей было меньше на похоронах, но простого народа и нищих было такое же множество. Домик барский уже сделался вовсе пуст. Предприимчивый приказчик вместе с войтом перетащили в свои избы все оставшиеся старинные вещи и рухлядь, которую не могла утащить ключница. Скоро приехал, неизвестно откуда, какой-то дальний родственник, наследник имения, служивший прежде поручиком, не помню в каком полку, страшный реформатор. Он увидел тотчас величайшее расстройство и упущение в хозяйственных делах; все это решился он непременно искоренить, исправить и ввести во всем порядок. Накупил шесть прекрасных английских серпов, приколотил к каждой избе особенный номер и, наконец, так хорошо распорядился, что имение через шесть месяцев взято было в опеку. Мудрая опека (из одного бывшего заседателя и какого-то штабс-капитана в полинялом мундире) перевела в непродолжительное время всех кур и все яйца. Избы, почти совсем лежавшие на земле, развалились вовсе; мужики распьянствовались и стали большею частию числиться в бегах. Сам же настоящий владетель, который, впрочем, жил довольно мирно с своею опекою и пил вместе с нею пунш, приезжал очень редко в свою деревню и проживал недолго. Он до сих пор ездит по всем ярмаркам в Малороссии; тщательно осведомляется о ценах на разные большие произведения, продающиеся оптом, как-то: муку, пеньку, мед и прочее, но покупает только небольшие безделушки, как-то: кремешки, гвоздь прочищать трубку и вообще все то, что не превышает всем оптом своим цены одного рубля.

www.ingramcontent.com/pod-product-compliance
Lightning Source LLC
Chambersburg PA
CBHW010809250626
47156CB00010B/3048